Weiterführend empfehlen wir:

Als Rentner alle Ansprüche voll ausschöpfen
ISBN 978-3-8029-3398-1

Kassenleistungen voll ausschöpfen
ISBN 978-3-8029-3758-3

SGB VI – Gesetzliche Rentenversicherung
ISBN 978-3-8029-7492-2

SGB IX – Rehabilitation und Teilhabe behinderter Menschen
ISBN 978-3-8029-7466-3

Wie bekomme ich einen Schwerbehindertenausweis?
ISBN 978-3-8029-3347-9

CD-ROM Elektronische Vorsorge-Mappe
ISBN 978-3-8029-1335-8

Die Neue Vorsorgemappe
ISBN 978-3-8029-1331-0

Die neue Renten- und Pensionsbesteuerung
ISBN 978-3-8029-3791-0

Ansprüche bei Arbeitslosengeld II oder Sozialhilfe
ISBN 978-3-8029-7415-1

Ansprüche bei Erwerbslosigkeit voll ausschöpfen
ISBN 978-3-8029-7483-0

Weitere Titel unter www.WALHALLA.de

Nikolaus Ertl · Horst Marburger

Früher in Rente

So stellen Sie Ihren Antrag richtig
Alle rechtlichen Hürden sicher meistern

13., aktualisierte Auflage

WALHALLA
FACHVERLAG

Bibliografische Information der Deutschen Bibliothek
Die Deutsche Bibliothek verzeichnet diese Publikation in der Deutschen Nationalbibliografie; detaillierte bibliografische Daten sind im Internet über http://dnb.ddb.de abrufbar.

Zitiervorschlag:
Nikolaus Ertl/Horst Marburger, Früher in Rente
Walhalla Fachverlag, Regensburg 2008

Hinweis: Unsere Ratgeber sind stets bemüht, Sie nach bestem Wissen zu informieren. Die vorliegende Ausgabe beruht auf dem Stand von Januar 2008. Verbindliche Auskünfte holen Sie gegebenenfalls bei Ihrem Rentenberater ein.

13., aktualisierte Auflage

Produktion: Walhalla Fachverlag, 93042 Regensburg
Umschlaggestaltung: grubergrafik, Augsburg
Druck und Bindung: Westermann Druck Zwickau GmbH
Printed in Germany
ISBN 978-3-8029-3605-0

Nutzen Sie das Inhaltsmenü:
Die Schnellübersicht führt Sie zu Ihrem Thema.
Die Kapitelüberschriften führen Sie zur Lösung.

Schnellübersicht

Schnellübersicht

Den wohlverdienten Ruhestand genießen

Einem arbeitserfüllten Leben sollte der wohlverdiente Ruhestand folgen. Der Lebensunterhalt wird dann entsprechend den im Laufe des Berufslebens eingezahlten Ruhestandsgeldern, d. h. der Rente, bestritten.

Durch das Rentenreformgesetz 1992 wurde eine stufenweise Anhebung des Rentenalters beschlossen. Eine Beschleunigung in der Umsetzung der geplanten Reformmaßnahmen erfolgte 1996. Weitere Änderungen sah das ab verschiedenen Zeitpunkten geltende Rentenreformgesetz 1999 vor. Erhebliche Änderungen im Rentenrecht sieht das Rentenversicherungs-Altersgrenzenanpassungsgesetz vor. Danach wird für Versicherte, die nach dem 31.12.1948 geboren sind, die Altersgrenze von 65 Jahren angehoben. Davon gibt es Ausnahmen für besonders langjährige Versicherte.

Weitere wichtige Gesetzesänderungen

Besonders einschneidende Änderungen hat das Gesetz zur Rentenreform wegen verminderter Erwerbsfähigkeit gebracht. Dieses Gesetz ist im Wesentlichen am 01.01.2001 in Kraft getreten und in diesem Buch berücksichtigt. Die bisherigen Berufs- und Erwerbsunfähigkeitsrenten wurden in Renten wegen verminderter Erwerbsfähigkeit umgewandelt. Wer am 01.01.2001 das 40. Lebensjahr bereits vollendet hat, kann trotz der Reform eine Erwerbsminderungsrente bei Berufsunfähigkeit beziehen. Bisher schon gewährte Berufs- oder Erwerbsunfähigkeitsrenten werden durch die Reform nicht berührt. Die bisherige Altersrente für Schwerbehinderte, Berufs- und Erwerbsunfähige, die ab Vollendung des 60. Lebensjahres gewährt werden konnte, wurde in eine Altersrente für schwerbehinderte Menschen umgewandelt. Die Altersgrenze für den Bezug dieser Rente wird stufenweise auf das 63. Lebensjahr angehoben. Mit Wirkung vom 01.07.2001 ist das Recht der Rehabilitation neu geregelt worden. „Rehabilitationsleistungen" werden nun als „Leistungen zur Teilhabe" bezeichnet. Auch diese Änderungen sind im Buch berücksichtigt.

Ziel dieses Buches

Es gibt Berufe, die aufreiben, Schicksale, die frühzeitig altern lassen, Krankheiten oder Unfälle, die die körperliche oder geistige Leistungsfähigkeit mindern oder gar aufheben und somit dem Arbeitsleben vorzeitig ein Ende setzen.

Im Gegensatz dazu gibt es auch viele Menschen, die den gesetzlichen Abschluss des Berufslebens mit 65 beziehungsweise zukünftig 67 Jahren als ein Unglück empfinden. Sie würden gerne noch weiter im Beruf tätig sein, da ihre Energie und Kreativität ungebrochen sind und sie sich in der Lage fühlen, für das Gemeinwohl noch lange Jahre den allgemeinen Anforderungen entsprechende Leistungen zu erbringen.

Von solchen Glückspilzen soll hier aber nicht die Rede sein. Ebenso nicht von den „Normal-Bürgern", die nach ihrer geregelten Ausbildung und zur Vollendung gebrachten beruflichen Laufbahn gesetzlich vorgeschrieben in den Ruhestand treten.

Wir wollen uns hier mit den Problemen derjenigen auseinander setzen, die das gesetzliche Rentenalter noch nicht erreicht haben, aber eine berufliche Arbeit wegen schwerer Gesundheitsschäden nicht mehr verrichten können. Zugleich wollen wir Hilfestellung geben, damit sie den bürokratischen „Hürdenlauf" bis zur Frührente problemlos bewältigen können.

Dr. Nikolaus Ertl
Horst Marburger

Die gutachterliche Praxis

In vielen Bereichen der Ausübung unserer staatsbürgerlichen Pflichten und Rechte wird der Sachverstand eines Experten als sog. Gutachter in Anspruch genommen. Diese Notwendigkeit gilt für jeden Bürger, der seine Rechte im Rahmen des gesellschaftlichen Zusammenlebens geltend machen will. Ebenso gilt sie aber auch für die verschiedenen Ämter des Staates oder sonstiger Institutionen, mit der Aufgabe, den Bürger in seine „Pflicht zu nehmen".

Der Grund für die Notwendigkeit einer Inanspruchnahme von Sachverständigen-Gutachten ist der Fortschritt in den Wissenschaften, den Technologien und in der Informationsvermittlung einerseits, andererseits aber sind es auch die für den Bürger immer komplizierter, unverständlicher und unübersichtlicher werdenden Gesetze, Verordnungen und Regelungen unseres gesellschaftlichen Zusammenlebens, d. h. die Bürokratie.

Über die Gestaltung unterschiedlicher Begutachtungsvorgänge erscheinen laufend Fachbücher und Publikationen. Diese wissenschaftliche Literatur unterstützt die Arbeit des Gutachters, der im Auftrag von Behörden, Gerichten, Versicherungen, staatlichen und privaten Institutionen bzw. Privatpersonen im Rahmen seiner Pflichtausübung sachverständig tätig wird.

Im Gegensatz dazu erscheinen nur wenige Aufklärungsschriften oder Anleitungen, die dem zu Begutachtenden eine Hilfestellung anbieten.

Im Bereich der Sozial- und Arbeitsmedizin kommt den ärztlichen Begutachtungen über den Gesundheitszustand und die Leistungsfähigkeit eines Menschen große Bedeutung zu.

Die gutachterliche Praxis zeigt, dass gerade auf diesem Gebiet jene Menschen bzw. Patienten, die ärztlich begutachtet werden sollen, sehr häufig falsche Vorstellungen über den Ablauf einer Begutachtung haben. Sie fühlen sich hinsichtlich ihrer eigenen Rolle hilflos, überfordert oder ausgeliefert. Zumindest verkennen sie die Pflichten bzw. Möglichkeiten eines Gutachters.

Deshalb wendet sich dieses Buch an jene, über deren Gesundheitszustand ein medizinisches Gutachten erstellt werden soll. Die Hilfestellung für die zu begutachtenden Patienten besteht darin, dass der Begutachtungsvorgang durch den ärztlichen Gutachter bis ins Einzelne beschrieben und aufgezeigt wird. Daraus ergeben sich Vorteile für beide Seiten, sowohl für den Patienten als auch für den Gutachter, da die Patienten in die Lage versetzt werden, bei der Erstellung des Gutachtens aktiv und sinnvoll mitzuarbeiten.

Der ärztliche Begutachtungsvorgang wird beispielhaft in einem Bereich beschrieben, in dem er am häufigsten vorkommt: bei der Frühberentung. Dabei werden aus der Sicht des zu begutachtenden Patienten nachfolgende Fragestellungen erörtert.

Die entscheidenden Fragen

- Welche medizinischen Voraussetzungen gelten für eine Frührente?
- Wie sind die unterschiedlichen Begriffe für eine Leistungsminderung zu verstehen?
- Welche Bedeutung hat das ärztliche Attest beim Frührentenantrag?
- Welche Auskunft will die Rentenversicherungsanstalt als Auftraggeber aus dem ärztlichen Gutachten erhalten?
- Nach welchen Gesichtspunkten wird für den Antragsteller ein Gutachter bestimmt? Muss der Antragsteller einen benannten Gutachter oder einen Gutachtertermin akzeptieren?
- Was bedeutet Mitwirkungspflicht?
- Worin unterscheidet sich der „Gutachterarzt" vom Hausarzt?
- Auf welche Weise gewinnt der Gutachter Kenntnisse über den Gesundheitszustand des Antragstellers?
- Wie kann bzw. soll sich ein Antragsteller auf eine gutachterliche Untersuchung vorbereiten?

noch: Die entscheidenden Fragen

- Welches Gewicht wird früheren ärztlichen Befunden, der Erhebung der Krankengeschichte und der Befragung nach Beschwerden beigemessen?
- Wie werden die gutachterlichen Untersuchungen durchgeführt?
- Welche Geräteuntersuchungen kommen nach welchen Gesichtspunkten zum Einsatz?
- Wann und wie kann ein ärztlicher Gutachter seine gewonnene gutachterliche Beurteilung über den Gesundheitszustand oder die Leistungsfähigkeit des Antragstellers sachverständig als Argument für eine berechtigte Frührente darstellen?
- Wie ist der Rechtsweg nach einem abgelehnten Frührentenantrag?

Vor der Auseinandersetzung mit der medizinisch gutachterlichen Problematik müssen die versicherungsrechtlichen Voraussetzungen für eine Frührente geklärt werden. Sind diese nicht erfüllt, können Gesundheitsschäden als Grundlage für eine Frührente nicht zur Geltung kommen.

In diesem Zusammenhang wird der größte Rentenversicherungsträger der Bundesrepublik (Deutsche Rentenversicherung Bund – früher BfA) in ihrer Struktur und Funktion als Beispiel beschrieben, um verständlich zu machen, woher das Geld für die Rente bzw. Frührente kommt.

Abkürzungen

A- und B-Stelle	Auskunfts- und Beratungsstelle
Art.	Artikel
BBG	Bundesbeamtengesetz
BfA	Bundesversicherungsanstalt für Angestellte (frühere Bezeichnung für die Deutsche Rentenversicherung Bund)
BG	Berufsgenossenschaft
BSGE	Bundessozialgerichtliche Entscheidungssammlung
BU	Berufsunfähigkeit
BVG	Bundesversorgungsgesetz
DRV	Die Rentenversicherung (Fachzeitschrift)
EKG	Elektrokardiogramm
EU	Erwerbsunfähigkeit
GdB	Grad der Behinderung
GG	Grundgesetz
LVA(en)	Landesversicherungsanstalt(en) (frühere Bezeichnung für die heutigen Regionalträger)
MdE	Minderung der Erwerbsfähigkeit
OEG	Opferentschädigungsgesetz (Gesetz über die Entschädigung der Opfer von Gewalttaten)
Reha	Rehabilitation
Rö	Röntgen
Schwbg	Schwerbehinderung
SGB	Sozialgesetzbuch
SGB I	Sozialgesetzbuch – Erstes Buch (Allgemeiner Teil)
SGB V	Sozialgesetzbuch – Fünftes Buch (Gesetzliche Krankenversicherung)
SGB VI	Sozialgesetzbuch – Sechstes Buch (Gesetzliche Rentenversicherung)
SGB VII	Sozialgesetzbuch – Siebtes Buch (Gesetzliche Unfallversicherung)
SGB IX	Sozialgesetzbuch – Neuntes Buch (Rehabilitation und Teilhabe behinderter Menschen)
SGB X	Sozialgesetzbuch – Zehntes Buch (Verwaltungsverfahren)
SGG	Sozialgerichtsgesetz
StGB	Strafgesetzbuch
WHO	Weltgesundheitsorganisation
ZPO	Zivilprozessordnung

Frührente: Was ist das?

1

Wann liegen Gesundheitsschäden vor?

Gesundheitsschäden entstehen, abgesehen von angeborenen Fehlentwicklungen, durch äußere Gewalt und daraus resultierende Körperverletzungen oder durch Krankheiten und insbesondere durch deren vorübergehende oder bleibende Folgen. Diese Folgen können

- Beeinträchtigungen und Behinderungen von Körperfunktionen physischer und psychischer Art sein und damit
- eine Abschwächung oder völlige Aufhebung der allgemeinen körperlichen Leistungsfähigkeit bzw. beruflichen Einsatzfähigkeit verursachen.

Schwere und Dauer dieser Folgen hängen nicht nur von der Gewalt der schädlichen Einwirkungen oder der Art einer Erkrankung ab, sondern auch vom allgemeinen Kräftezustand, von früheren Gesundheitsschäden, Lebensgewohnheiten, Erbanlagen usw.

Die Gesundheitsschädigung kann unter Umständen so schwer wiegend und dauerhaft sein, dass eine, den Lebensunterhalt sichernde Arbeit nicht mehr möglich ist und ein dauerhafter Hilfebedarf eintritt.

Es ist natürlich und selbstverständlich, dass man sich dagegen sträubt, einen oft mit großem Optimismus und nicht selten mit finanziellen Opfern und Anstrengung erlernten Beruf frühzeitig an den Nagel zu hängen bzw. gegen ein bescheidenes und evtl. horizontloses Rentnerdasein zu tauschen.

Die Erfahrung zeigt, dass Frührentenfälle, bei welchen die Frühberentung und der somit vor dem Rentenalter eingetretene „Ruhestand" bzw. die zwangsweise „Untätigkeit" eine psychische Konfliktsituation heraufbeschwört, gar nicht so selten sind.

Achtung: Im Gegensatz dazu steht die sog. „Rentenneurose". Hier geht es um Fälle, bei denen während des Gutachterverfahrens zur Erlangung einer Frührente das Gefühl aufkommt, dass der Antragsteller unbedingt seine Zielsetzung durchfechten möchte, auch über mehrere gerichtliche Instanzen hinweg und selbst dann, wenn eine berechtigte Grundlage fehlt. Denken solche „Kämpfer" daran, wie sie dann mit ihrem „Ruhestand" werden umgehen können?

Hofft doch jeder Mensch – selbst der Schwerstkranke – auf Heilung und Gesundung. Der instinktive Lebens- und Gesundungswille bewegt den Erkrankten, sich in ärztliche Behandlung zu begeben oder schwere Operationen und Eingriffe über sich ergehen zu lassen.

Rehabilitation hat Vorrang!

Viele medizinische Maßnahmen zur Teilhabe bieten sich zur Vorbeugung bzw. Abwendung von Krankheiten und zur Wiederherstellung der geschädigten Gesundheit an.

Vorbeugende Maßnahmen

- Hausärztliche und ambulant-fachärztliche Behandlung unmittelbar am Wohnort
- Klinisch-stationäre bzw. Krankenhausbehandlung. Unser soziales Gesundheitssystem gewährt jedem – wenn es dringend erforderlich ist – selbst die teuersten Behandlungen, und zwar nach dem neuesten Fortschritt der Medizin, ohne Rücksicht auf die Kosten. Es ist bedauerlich, dass diese ehemals großzügige gesetzgeberische Sozialleistung heute tatsächlich nur noch eingeschränkt finanzierbar ist.
- Rehabilitative Anschlussheilverfahren nach schweren Operationen oder nach körperlicher Abschwächung durch Krankheiten, direkt vor Entlassung des Patienten (noch von den Krankenanstalten veranlasst)
- Sanatoriumsbehandlung oder Heilverfahren vom Haus- oder Facharzt vorgeschlagen, wenn die am Wohnort gebotenen Therapiemaßnahmen ausgeschöpft wurden und trotzdem eine dauerhafte Arbeitsfähigkeit nicht gesichert ist. Weltweit hat ein Versicherter einzig und alleine in der Bundesrepublik Deutschland Rechtsanspruch auf eine stationäre medizinische Rehabilitation.

noch: Vorbeugende Maßnahmen

- Ambulante rehabilitative Maßnahmen des Versicherungsträgers
- Notfallversorgung der Rettungsdienste
- Maßnahmen des betriebsärztlichen Dienstes an der Arbeitsstätte
- Maßnahmen der Amtsärzte in den Gesundheitsämtern
- Sozialmedizinische Dienste
- Institutionen zur Rehabilitation (Leistungen zur Teilhabe) von Behinderten
- Verrichtungen nichtärztlicher Heilberufe

Wenn nach Inanspruchnahme aller medizinischen Möglichkeiten eine dauerhafte Gesundung nicht herbeizuführen ist, d. h. weder klinisch-therapeutische noch rehabilitative bzw. berufsfördernde Maßnahmen, z. B.:

- Umschulung (heute als Teilhabe am Arbeitsleben bezeichnet) aus gesundheitlichen Gründen
- innerbetriebliche Umsetzung aus gesundheitlichen Gründen
- Anerkennung von eingeschränkter Einsetzbarkeit am Arbeitsplatz, z. B. Verschonung von schwerem Heben und Tragen aus eigener Kraft, Befreiung von Arbeiten über der Kopfhöhe
- Erleichterung der Anfahrt zum Arbeitsplatz
- Einrichtung von unüblichen Arbeitspausen

greifen oder nicht anzuwenden sind, bleibt den Betroffenen nichts anderes übrig, als bei der Rentenversicherung eine Frühberentung zu beantragen.

Praxis-Tipp:

Leistungen zur Teilhabe (Rehabilitation bzw. Teilhabe am Arbeitsleben) haben Vorrang vor der Frührente.

Gesetzestext im Originalwortlaut

§ 9 SGB VI

(1) Die Rentenversicherung erbringt Leistungen zur medizinischen Rehabilitation, Leistungen zur Teilhabe am Arbeitsleben sowie ergänzende Leistungen, um

- den Auswirkungen einer Krankheit oder einer körperlichen, geistigen oder seelischen Behinderung auf die Erwerbsfähigkeit der Versicherten entgegenzuwirken oder sie zu überwinden und
- dadurch Beeinträchtigungen der Erwerbsfähigkeit der Versicherten oder ihr vorzeitiges Ausscheiden aus dem Erwerbsleben zu verhindern oder sie möglichst dauerhaft in das Erwerbsleben wiedereinzugliedern.

Die Leistungen zur Teilhabe haben Vorrang vor Rentenleistungen, die bei erfolgreichen Leistungen zur Teilhabe nicht oder voraussichtlich erst zu einem späteren Zeitpunkt zu erbringen sind.

(2) Die Leistungen nach Absatz 1 können erbracht werden, wenn die persönlichen und versicherungsrechtlichen Voraussetzungen dafür erfüllt sind.

Dies bedeutet, dass die Rentenversicherungsträger vor der Entscheidung über einen Rentenantrag oftmals ein Heilverfahren durchführen. Bringt diese Maßnahme nicht den gewünschten Erfolg, bleibt der ursprüngliche Rentenantrag von der erbrachten Rehabilitationsleistung unberührt.

Wichtig: Wird eine beantragte Rehabilitationsmaßnahme mit der Begründung abgelehnt, dass sie die Erwerbsfähigkeit nicht wiederherstelle, es also für eine solche Maßnahme bereits zu spät sei, gilt der entsprechende Antrag ebenfalls als Antrag auf eine Erwerbsminderungsrente.

Woher kommt das Geld für die Rente bzw. Frührente?

Die jeweilige Rente wird im Regelfall, d. h. nach Erreichen des Ruhestandsalters, entsprechend den eingezahlten Sozialversicherungsbeiträgen berechnet und gezahlt. Das Geld, das der jeweilige Rentenempfänger erhält, stammt heute von den Beiträgen, die im gleichen Zeitraum von den berufstätigen Mitgliedern einbezahlt werden. Vor 1970 dienten die gesetzlichen Rücklagen der Rentenversicherung für die Rentenzahlungen. Die damalige sozial-liberale Koalition löste diese angesparten milliardenschweren Rücklagen auf und ersetzte sie durch den sog. Generationenvertrag.

Praktisch gesehen: Wer heute Geld verdient, zahlt die Rente für die vorherige Generation. Die Generation nach ihm kommt später für seine Rente auf. Jahrzehntelang funktionierte dieses Modell. Die heutigen demographischen Untersuchungen zeigen aber, dass:

- die Geburten zurückgehen
- die Dauer der Berufsausbildung zunimmt
- das Wohlstands-Anspruchsdenken steigt
- die durchschnittliche Lebenserwartung und damit auch das Rentenbezugsalter steigt
- die Gesamtzahl der Produktiv-Erwerbstätigen und gleichzeitig das Renteneintrittsalter sinkt
- die Lebensarbeitszeit sinkt
- die Anforderungen an komprimierte Arbeitsleistung steigen

Heute wird eine geringere Anzahl von Jahren gearbeitet, als dies unsere Großeltern taten, und es gibt immer weniger Berufstätige, die für die stetig wachsende Anzahl von Rentnern aufkommen müssen.

Wie sehen die statistischen Zahlen aus?

In den fünfziger Jahren des 20. Jhs. wurden fünf und in den sechziger Jahren etwa 30 Rentner durch die Rentenversicherungsbeiträge von hundert Erwerbstätigen versorgt.

1996 finanzierten 100 Beitragszahler 48 Rentner. Im Jahr 2000 ernährten etwa 100 Beitragszahler 61 Rentner und im Jahre 2010 werden es voraussichtlich 112 Rentner sein. Das heißt, 112 Rentner müssen darauf hoffen, dass ihre Rente von 100 Erwerbstätigen erwirtschaftet wird. Ermöglicht der technologische Fortschritt ein so hohes Sozialprodukt? Vorschlag nach Prof. Rürup: Das Dilemma könnte durch „später in Rente, früher im Beruf" gelöst werden.

Tatsache ist, dass die staatliche Rentenversicherung, die sich Ende der sechziger Jahre noch reicher Rentenkassen mit milliardenschweren Rücklagen (30 Monate Rentenleistungen) erfreute, heute u. a. wegen versicherungsfremder Sozialleistungen und trotz mehrmaliger Anhebung der Rentenbeiträge in der Vergangenheit eine defizitäre Bilanz zeigt. Was an Beitragsleistungen nicht hereinkommt, muss der Staat per Gesetz durch Bundeszuschuss ausgleichen. Seit Anfang 1999 ist der Beitragssatz zur Rentenversicherung dreimal erhöht worden. Bis zum 31.12.2002 betrug der Beitragssatz 19,1 %, ab dem 01.01.2003 19,5 %. Mit Wirkung seit 01.01.2007 ist er auf 19,9 % erhöht worden.

Die Frührente als Rente wegen teilweiser Erwerbsminderung

Nach § 43 SGB VI ist ein Versicherter dann teilweise erwerbsgemindert, wenn er wegen Krankheit oder Behinderung auf nicht absehbare Zeit außer Stande ist, unter den üblichen Bedingungen des allgemeinen Arbeitsmarktes mindestens sechs Stunden täglich erwerbstätig zu sein.

Eine Erwerbsminderung liegt dann nicht vor, wenn der Betreffende unter den üblichen Bedingungen des allgemeinen Arbeitsmarktes mindestens sechs Stunden täglich erwerbstätig sein kann. Dabei ist die jeweilige Arbeitsmarktlage nicht zu berücksichtigen.

Feststellung des Leistungsvermögens

Maßstab für die Feststellung des Leistungsvermögens ist die Erwerbsfähigkeit des Versicherten auf dem allgemeinen Arbeitsmarkt, das heißt in jeder nur denkbaren Tätigkeit, die es auf dem Arbeitsmarkt gibt. Allerdings kommen dabei nur Tätigkeiten in Betracht, die auf dem allgemeinen Arbeitsmarkt üblich sind. Damit wird sichergestellt, dass für die Feststellung des Leistungsvermögens solche Tätigkeiten, für die es für den zu beurteilenden Versicherten einen Arbeitsmarkt schlechthin nicht gibt, nicht in Betracht gezogen werden.

Die subjektive Zumutbarkeit einer Tätigkeit unter dem Gesichtspunkt der Ausbildung und des Status der bisherigen beruflichen Tätigkeit ist ohne Bedeutung. Zu berücksichtigen sind allein die körperliche und geistige Leistungsfähigkeit des Versicherten sowie eventuelle zusätzliche Einschränkungen, die sich aus der ärztlichen Begutachtung ergeben können.

Das Leistungsvermögen des Versicherten ist anhand seiner zeitlichen Einsatzfähigkeit zu beurteilen. Um einen einheitlichen, für alle Versicherten gleichen Maßstab zugrunde legen zu können, wird auf die Stundenzahl abgestellt. Bei der Beurteilung ist die Frage zugrunde zu legen, ob der Versicherte noch in der Lage ist, auf dem allgemeinen Arbeitsmarkt unter den dort üblichen Bedingungen regelmäßig im Rahmen einer 5-Tage-Woche mindestens sechs Stunden täglich zu arbeiten.

Die Rente wegen teilweiser Erwerbsminderung errechnet sich aus allen Versicherungszeiten bis zum Eintritt der Erwerbsminderung. Außerdem werden bei jüngeren Versicherten noch die Monate vom Eintritt der Erwerbsminderung bis zum 60. Lebensjahr zusätzlich auf die Rente angerechnet.

Wichtig: Diese zusätzlich bei der Rentenberechnung berücksichtigte Zeit heißt „Zurechnungszeit“.

Die Zurechnungszeit hat den Zweck zu vermeiden, dass junge Invalide, die bis zum Zeitpunkt des Eintritts der Erwerbsminderung noch nicht viele Beiträge zur Rentenversicherung einzahlen konnten, mit einer „Mini-Rente“ leben müssen.

Wie viel Rente wird bezahlt?

Die Rente wegen teilweiser Erwerbsminderung wird entsprechend dem verbliebenen Leistungsvermögen des Versicherten in Höhe der halben Vollrente geleistet.

Die Höhe der Rente wegen verminderter Erwerbsfähigkeit ist an die der vorzeitig in Anspruch genommenen Altersrenten angeglichen. Deshalb wird die Rente für jeden Monat des Rentenbeginns vor dem 63. Lebensjahr um 0,3 Prozent vermindert. Der Höchstsatz der Minderung beläuft sich auf 10,8 Prozent, mehr als 36 Monate Inanspruchnahme vor Vollendung des 63. Lebensjahres werden also nicht in Abzug gebracht.

Übt der Versicherte trotz Rente wegen teilweiser Erwerbsminderung eine Beschäftigung aus, kann dies zu einer Kürzung der Rente führen.

Entsprechend der Höhe des Hinzuverdienstes wird die Rente wegen teilweiser Erwerbsminderung

- entweder in voller Höhe oder
- zu 50 Prozent

der Rente geleistet.

Pflegegeld

In diesem Zusammenhang wird als Arbeitsentgelt jenes Entgelt nicht berücksichtigt, das eine Pflegeperson von einem Pflegebedürftigen erhält, wenn es das maßgebende Pflegegeld der Pflegeversicherung nicht übersteigt. Das Gleiche gilt für das Entgelt, das Behinderte für ihre Tätigkeit in Behindertenwerkstätten erhalten.

Vorruhestandsgeld

Vorruhestandsgeld steht dem Arbeitsentgelt gleich.

Es gelten folgende Hinzuverdienstgrenzen

Wenn der Mindestwert von 1,5 Entgeltpunkten (in den letzten drei Kalenderjahren vor Eintritt der teilweisen Erwerbsminderung) nicht überschritten wird, gelten seit 01.01.2008 folgende Hinzuverdienstgrenzen bei einer Rente wegen teilweiser Erwerbsminderung.

Hinzuverdienstgrenzen bei Rente wegen teilweiser Erwerbsminderung		
Rente	**West**	**Ost**
	seit 01.01.2008	seit 01.01.2008
Vollrente	EUR 857,33	EUR 724,50
Halbe Rente	EUR 1043,70	EUR 882,00

Zwei Monate im Jahr kann die Grenze bis zum Doppelten des maßgebenden Betrags überschritten werden. Sonderregelungen gelten für Bergleute.

Praxis-Tipp:

- Die Rentenversicherungsträger geben im Rentenbescheid an, bis zu welcher Höhe der Versicherte hinzuverdienen kann.
- Da sich aber die Bezugsgröße jährlich (jeweils zum 01.01. eines Jahres) ändert, sind die Versicherten und ihre Arbeitgeber oftmals auf zusätzliche Auskünfte der Rentenversicherungsträger angewiesen.

Sonderfall: Private Zusatzversicherung

Für den Antragsteller ist es wichtig zu wissen, dass die Anerkennung seiner teilweisen Erwerbsminderung durch die Sozialversicherung nicht automatisch auch die Anerkennung durch eine private Zusatzversicherung nach sich zieht. Viele private Versicherungsgesellschaften kennen eigene Anforderungsprofile für den Versicherungsfall, der der teilweisen Erwerbsminderung im Sinne der gesetzlichen Rentenversicherung entspricht, die von denen der gesetzlichen Rentenversicherung vielfach stark abweichen.

Dementsprechend bedeutet z. B. ein frühzeitiger Ruhestand durch Erkrankungen nach dem Beamtenrecht nicht automatisch eine Anerkennung Ihrer teilweisen oder vollen Erwerbsminderung durch die Sozialversicherung, falls Sie vor Ihrem Beamtenstatus einem sozialversicherungspflichtigen Beruf nachgegangen sind. In der Regel wären in solchen Fällen auch nicht die für die Rente geforderten Vorversicherungszeiten erfüllt.

Die Frührente als Rente wegen voller Erwerbsminderung

Ein Versicherter ist dann voll erwerbsgemindert, wenn er wegen Krankheit oder Behinderung auf nicht absehbare Zeit außer Stande ist, unter den üblichen Bedingungen des allgemeinen Arbeitsmarktes mindestens drei Stunden täglich erwerbstätig zu sein.

Voll erwerbsgemindert sind auch

- Behinderte Menschen, die beispielsweise in Behindertenwerkstätten beschäftigt sind und die wegen Art oder Schwere der Behinderung nicht auf dem allgemeinen Arbeitsmarkt tätig sein können.
- Versicherte, die bereits vor Erfüllung der allgemeinen Wartezeit (60 Monate) voll erwerbsgemindert waren, in der Zeit einer nicht erfolgreichen Eingliederung in den allgemeinen Arbeitsmarkt.

Versicherte, die bereits vor Erfüllung der allgemeinen Wartezeit voll erwerbsgemindert waren und seitdem ununterbrochen voll erwerbsgemindert sind, haben Anspruch auf Rente wegen voller Erwerbsminderung, wenn sie die Wartezeit von 20 Jahren erfüllt haben.

Die obigen Ausführungen zur Frührente wegen teilweiser Erwerbsminderung gelten auch für die Rente wegen voller Erwerbsminderung sowie für die Zurechnungszeit.

Höhe der Rente

Die Rente wegen voller Erwerbsminderung wird als Vollrente bezahlt. Bezüglich der Rentenabschläge gelten die Ausführungen zur Rente wegen teilweiser Erwerbsminderung.

Bei Renten wegen voller Erwerbsminderung können bis zu 355 EUR (neue und alte Bundesländer) monatlich hinzuverdient werden. Wird mehr hinzuverdient, wird die Rente wegen voller Erwerbsminderung entweder

- in Höhe von drei Vierteln oder
- der Hälfte oder
- eines Viertels

der Rente gewährt.

Zwei Monate im Jahr ist das Überschreiten bis zum Doppelten des jeweils maßgebenden Betrages möglich. Sonderregelungen gelten für Bergleute.

Es gelten folgende Hinzuverdienstgrenzen

Wenn der Mindestwert von 1,5 Entgeltpunkten (in den letzten drei Kalenderjahren vor Eintritt der vollen Erwerbsminderung) nicht überschritten wird, gelten in der Zeit seit 01.01.2008 folgende Hinzuverdienstgrenzen bei einer Rentewegen voller Erwerbsminderung:

Hinzuverdienstgrenzen bei Rente wegen voller Erwerbsminderung		
Rente	**West**	**Ost**
	seit 01.01.2008	seit 01.01.2008
Drei-Viertel-Rente	EUR 633,68	EUR 535,40
Hälfte	EUR 857,33	EUR 724,50
Ein-Viertel-Rente	EUR 1043,70	EUR 882,00

Erwerbsminderungsrente auf Zeit

Renten wegen verminderter Erwerbsfähigkeit werden nur auf Zeit geleistet. Die Befristung erfolgt für längstens drei Jahre nach Rentenbeginn. Die Befristung kann wiederholt werden. Die Renten werden allerdings unbefristet geleistet, wenn unwahrscheinlich ist, dass die Minderung der Erwerbsfähigkeit behoben werden kann. Davon wird nach einer Gesamtdauer der Befristung von neun Jahren ausgegangen. Eine längere Befristung ist nicht möglich. Bei weiter bestehender Erwerbsminderung muss dann eine Dauerrente gewährt werden.

Im Übrigen kann die Zeitrente nicht nur verlängert, sondern auch in eine Dauerrente umgewandelt werden.

Erwerbsminderungsrente auch bei Auslandsaufenthalt

Wegen Erwerbsminderung werden Renten im Ausland zwar geleistet, allerdings gibt es bezüglich der Höhe der Rente insbesondere bei Ausländern Einschränkungen. Hier sehen aber das europäische Sozialrecht sowie die mit verschiedenen Ländern abgeschlossenen Sozialversicherungsabkommen Ausnahmen vor.

Teilweise Erwerbsminderung bei Berufsunfähigkeit

Anspruch auf Rente wegen teilweiser Erwerbsminderung haben bei Erfüllung der sonstigen Voraussetzungen bis zur Vollendung des 65. Lebensjahres auch Versicherte, die

- vor dem 02.01.1961 geboren und
- berufsunfähig sind.

Berufsunfähig sind Versicherte, deren Erwerbsfähigkeit wegen Krankheit oder Behinderung im Vergleich zur Erwerbsfähigkeit von körperlich, geistig und seelisch gesunden Versicherten mit ähnlicher Ausbildung und gleichwertigen Kenntnissen und Fähigkeiten auf weniger als sechs Stunden gesunken ist.

Der Kreis der Tätigkeiten, nach denen die Erwerbsfähigkeit eines Versicherten zu beurteilen ist, umfasst alle Tätigkeiten, die seinen

- Kräften und Fähigkeiten entsprechen und
- die ihm unter der Berücksichtigung der Dauer und des Umfanges seiner Ausbildung
- sowie seines bisherigen Berufes und
- der besonderen Anforderungen seiner bisherigen Berufstätigkeit

zugemutet werden können.

Zugemutet wird stets eine Tätigkeit, für die der Versicherte durch Maßnahmen zur Erhaltung, Besserung oder Wiederherstellung der Erwerbstätigkeit mit Erfolg ausgebildet oder umgeschult worden ist.

Im Wesentlichen verankert das Gesetz für diejenigen Versicherten, die aufgrund ihrer Erkrankungen

- in dem erlernten Beruf wegen schwerer Arbeitsvorgänge höchstens noch unter sechs Stunden Einsatz pro Arbeitstag erbringen können,
- jedoch noch leichte Arbeiten vollschichtig verrichten können,

einen Anspruch auf eine Erwerbsminderungsrente wegen Berufsunfähigkeit.

Der Berufsschutz bleibt damit übergangsweise in das neue System der zweistufigen Erwerbsminderung eingebunden. Die Rentenhöhe wird allerdings in Höhe der Hälfte statt bisher in Höhe von zwei Drittel der vollen Rente gezahlt.

Wichtig: Diese Rente wird nicht wegen einer krankheitsbedingten Minderung des Arbeitsverdienstes, sondern wegen einer Einbuße an Erwerbsfähigkeit gewährt. Die jeweilige Arbeitsmarktlage ist dabei nicht zu berücksichtigen.

Rente wegen teilweiser Erwerbsminderung bei Berufsunfähigkeit wird bei einem dauernden Auslandsaufenthalt nur gewährt, wenn auf diese Rente bereits für die Zeit, in der im Inland noch ein gewöhnlicher Aufenthalt bestand, ein Anspruch gegeben war. Im Übrigen gelten zwischenstaatliche Regelungen und Vereinbarungen.

Höhe und Hinzuverdienst

Hinsichtlich der Rentenhöhe gelten die obigen Ausführungen zur Rente wegen teilweiser Erwerbsminderung. Das gilt auch bei einem Hinzuverdienst.

Die Rente wegen teilweiser Erwerbsminderung bei Berufsunfähigkeit gibt es seit 01.01.2001. Es wird aber auch weiterhin Renten wegen Berufs- oder Erwerbsunfähigkeit geben. Bestand Anspruch auf eine solche Rente, nämlich am 31.12.2000, so besteht dieser Anspruch bis zur Vollendung des 65. Lebensjahres weiter, solange die Voraussetzungen vorliegen, die für die Bewilligung der Leistung maßgebend waren.

Abhängig vom erzielten Hinzuverdienst wird eine Rente wegen Berufsunfähigkeit in voller Höhe, in Höhe von zwei Dritteln oder in Höhe von einem Drittel gewährt. Wird neben einer Erwerbsunfähigkeitsrente ein höherer Hinzuverdienst als (2008) 355 EUR im Monat erzielt, wird die Rente in Höhe der Rente wegen Berufsunfähigkeit ($2/3$ der Erwerbsunfähigkeitsrente) gezahlt. Die besonderen Hinzuverdienstgrenzen für die Berufsunfähigkeitsrente sind zu beachten.

Schwerbehinderte Menschen: Altersrente ab dem 60. Lebensjahr

Seit dem 01.01.2001 gibt es die Altersrente für Schwerbehinderte, Berufs- und Erwerbsunfähige nicht mehr. Stattdessen wird eine Altersrente für schwerbehinderte Menschen gewährt, die das 63. Lebensjahr vollendet haben. Die Altersgrenze von 60 Jahren wird ab dem Geburtsjahrgang 1941 schrittweise angehoben. Eine vorzeitige Berentung (frühestens ab Vollendung des 60. Lebensjahres) ist möglich. Hier müssen vom Versicherten aber Rentenabschläge hingenommen werden.

Achtung: Für Versicherte, die zum Zeitpunkt der dritten Lesung des Gesetzes bereits das 50. Lebensjahr vollendet hatten (also bis zum 16.11.1950 geboren sind) und schwerbehindert, berufs- oder erwerbsunfähig waren, ist weiterhin aus Vertrauensschutzgründen die Altersgrenze von 60 Jahren maßgebend. Diese gilt auch für Versicherte, die vor dem 01.01.1942 geboren sind und 45 Jahre Pflichtbeiträge für eine versicherte Beschäftigung oder Tätigkeit haben. Auch hier ist Voraussetzung, dass Erwerbsminderung oder Berufsunfähigkeit oder Erwerbsunfähigkeit vorliegt.

Ab 2012 wird die Altersgrenze für eine abschlagsfreie Altersrente für schwerbehinderte Menschen stufenweise von 63 auf 65 Jahre angehoben. Die Altersgrenze für die frühestens vorzeitige Inanspruchnahme dieser Rente wird von 60 auf 62 Jahre angehoben. Damit verbleibt es bei einem maximalen Abschlag in Höhe von 10,8 % bei einem frühestmöglichen Rentenbezug drei Jahre vor der Altersgrenze für eine abschlagsfreie Altersrente für schwerbehinderte Menschen.

Wichtig: Für Menschen, die vor dem 01.01.1964 geboren sind, bleibt es bei der Möglichkeit, nach Vollendung des 63. Lebensjahres in Rente zu gehen. Hier kann die vorzeitige Inanspruchnahme der Altersrente nach wie vor nach Vollendung des 60. Lebensjahres erfolgen.

Versicherungsrechtliche Voraussetzungen für eine Frührente

2

Was Sie grundsätzlich wissen sollten

Eine der Aufgaben der Rentenversicherung ist es, Maßnahmen für den Fall zu gewähren, dass die Erwerbsfähigkeit bedroht oder beeinträchtigt ist (§§ 9, 43, 44 SGB VI).

Vor dem 01.01.1984 konnte jeder Versicherte, der 60 Monate Beitragszahlungen nachweisen konnte, einen Antrag auf Frührente wegen Erwerbs- bzw. Berufsunfähigkeit stellen. Waren die medizinischen Voraussetzungen für eine Frührente gegeben, musste der Versicherungsträger die Rente zahlen.

Seit dem 01.01.1984 hat der Rentenbewerber außer den in der Einleitung erwähnten, und im Allgemeinen als plausibel erachteten medizinischen Voraussetzungen nun auch noch die sog. „versicherungsrechtlichen Voraussetzungen" zu erfüllen. Das gilt auch für die seit 01.01.2001 an die Stelle der Berufs- oder Erwerbsunfähigkeitsrente getretenen Renten wegen teilweiser oder voller Erwerbsminderung.

Wir müssen also vor der ausführlichen Auseinandersetzung mit der Frage der medizinischen Voraussetzungen zuerst die versicherungsrechtlichen Voraussetzungen einer Frührente erörtern.

Achtung: Es soll hier vorweg ein häufig aufkommendes Missverständnis ausgeräumt werden: Sind die versicherungsrechtlichen Voraussetzungen bei erwerbsgeminderten Frührentenbewerbern nicht erfüllt, kann der Versicherungsträger den Rentenantrag ungeachtet der Gesundheitsschäden ablehnen, auch dann, wenn der Versicherte „den Kopf unter dem Arm trägt". Das Scheitern eines Frührentenantrages liegt in solchen Fällen nicht an der Härte des ärztlichen Gutachters oder der mangelnden Unterstützung des Hausarztes, sondern am Versicherungsträger.

Was ist unter den versicherungsrechtlichen Voraussetzungen zu verstehen?

Wer vor dem Rentenantrag in einem Beschäftigungsverhältnis stand und aus diesem Pflichtbeiträge zur Rentenversicherung gezahlt hatte, muss nachweisen, dass in den letzten 60 Monaten vor dem Eintritt der Erwerbsminderung mindestens 36 Pflichtbeiträge entrichtet wurden.

Für freiwillig Versicherte, wie Selbstständige oder Hausfrauen, sind die versicherungsrechtlichen Voraussetzungen noch strenger. Seit dem 01.01.1984 können sie nur noch dann eine Frührente wegen Erwerbsminderung beziehen, wenn sie vor dem genannten Datum (also vor dem 01.01.1984) mindestens schon 60 Beitragsmonate nachweisen können und außerdem ab dem oben genannten Stichtag jeden Monat mit einer Versicherungszeit belegt haben.

Praxis-Tipp:

Ein einziger unbelegter Monat nach dem 31.12.1983 kann bereits dazu führen, dass ein freiwillig Versicherter seine Ansprüche auf eine Rente wegen Berufs- oder Erwerbsunfähigkeit verliert.

Dies bedeutet für junge Selbstständige, die erst nach 1979 in das Erwerbsleben eingestiegen sind, dass sie mit ihrer freiwilligen Beitragsleistung niemals Anspruch auf eine Erwerbsminderungsrente erwerben können, ebenso wie sie die zweite Voraussetzung – die versicherungsrechtliche Bedingung von 60 Beitragsmonaten vor dem 01.01.1984 – unmöglich erfüllen können.

Wichtig: Aus diesen Gründen gilt es als zwingend, vor der Rentenantragstellung zu prüfen, ob ein versicherungsrechtlicher Anspruch auf eine sog. Frührente überhaupt besteht.

Versicherungsrechtliche Voraussetzungen

Sind die versicherungsrechtlichen Voraussetzungen gegeben und bestätigt die medizinische Begutachtung durch ein ärztliches Gutachten des Rentenversicherungsträgers das Vorliegen schwer wiegender gesundheitlicher Dauerschäden des Rentenbewerbers, erfolgt die Prüfung, welche Art von Rente gewährt wird (siehe hierzu die Ausführungen im Kapitel 1, ab Seite 20):

- eine Rente wegen teilweiser Erwerbsminderung
- eine Rente wegen teilweiser Erwerbsminderung bei Berufsunfähigkeit
- eine Rente wegen voller Erwerbsminderung oder
- eine Altersrente für schwerbehinderte Menschen

Wie krank muss man sein?

3

Die medizinischen Gründe für eine Frührente

- Es müssen die Erwerbsfähigkeit aufhebende oder zumindest dauerhaft beeinträchtigende, schwer wiegende Gesundheitsschäden vorliegen.
- Alle therapeutischen und rehabilitativen Maßnahmen müssen ausgeschöpft worden sein – ohne Erfolg hinsichtlich der Wiederherstellung bzw. Sicherung eines ausreichenden körperlichen und geistigen Kräftezustandes, damit die berufliche Arbeit oder eine Erwerbstätigkeit verrichtet werden kann.

Achtung: Wird ein Rentenantrag gestellt, behalten es sich die Rentenversicherungsträger vor, die angegebenen Gesundheitsschädigungen überprüfen zu lassen.

Hierzu trägt das ärztliche oder fachärztliche Sachverständigen-Gutachten über die allgemeine Körperleistungsfähigkeit bzw. berufliche Einsatzfähigkeit entscheidend bei.

Wie aus diesen einleitenden Ausführungen ersichtlich, steht aus medizinischer Sicht bei der Berentungs- bzw. Frühberentungsfrage die allgemeine oder spezifische Leistungsminderung infolge Gesundheitsschaden im Mittelpunkt.

Um die Leistungsminderung eines Kranken zu bezeichnen, werden im Alltag viele Begriffe benützt, deren korrekte Definition zu kennen für den Antragsteller von Bedeutung ist.

Wie wird Leistungsminderung definiert?

Leistungsminderung bedeutet, dass jemand seine alltägliche berufliche Arbeit wegen Erkrankung bzw. Gesundheitsschaden nicht mehr oder nur teilweise verrichten kann. Dabei sind allerdings die folgenden Begriffe auseinanderzuhalten:

- Arbeitsunfähigkeit, Dienstunfähigkeit
- MdE (Minderung der Erwerbsfähigkeit)
- Schwerbeschädigung, Schwerbehinderung
- BU (Berufsunfähigkeit)
- EU (Erwerbsunfähigkeit)
- Erwerbsminderung (teilweise oder volle)

Arbeitsunfähigkeit, Dienstunfähigkeit

Arbeitsunfähig ist ein Versicherter, der seine bisherige Erwerbstätigkeit wegen Erkrankung nicht mehr oder nur auf Kosten der Restgesundheit ausüben kann. Dieser Begriff sichert ihm in der Krankenversicherung neben eines Rechtes auf Heilbehandlung den Anspruch auf Krankengeld (§ 44 SGB V).

Wenn der Hausarzt den Versicherten „krankschreibt", ist zunächst die Schwere der Erkrankung maßgeblich. Die Dauer ist unerheblich, da diese häufig gar nicht vorauszusehen ist.

Ein Beamter, Soldat bzw. Zivildienstpflichtiger ist dienstunfähig, wenn er erkrankt und dadurch nicht arbeitsfähig ist (§ 42 Bundesbeamtengesetz – BBG, § 44 Abs. 3, § 55 Abs. 2 Soldatengesetz, § 29 Abs. 2 Wehrpflichtgesetz, § 30 Abs. 1 Zivildienstgesetz).

MdE (Minderung der Erwerbsfähigkeit)

Der Begriff MdE (Minderung der Erwerbsfähigkeit) drückt das Ausmaß von Schädigungsfolgen als Dauerzustand in der Unfallversicherung, Kriegsopferversorgung, im sonstigen Entschädigungsrecht und im Übrigen auch bei der Versorgungsrente aus (§ 56 SGB VII für die Unfallversicherung, § 30 BVG für die Kriegsopferversorgung).

Die Regelungen für die Kriegsopferversorgung sind übrigens auch dann maßgebend, wenn es um Rentenansprüche aus dem Opferentschädigungsgesetz (OEG) geht. Dort werden die Opfer von Gewalttaten (Überfällen, Kindesmisshandlungen usw.) angesprochen.

Schwerbehinderung (Schwbg)

Als schwerbehinderte Menschen nach dem seit 01.07.2001 geltenden SGB IX werden alle körperlich, geistig und seelisch behinderten Menschen bezeichnet, die infolge Einschränkungen ihrer Körperfunktionen in ihrer Erwerbsfähigkeit auf Dauer um wenigstens 50 v. H. gemindert und damit, unabhängig vom Alter oder Teilnahme am Arbeitsleben, schutzbedürftig sind.

Wesentlich ist der Arbeitsplatzschutz von behinderten Menschen im Sinne dieses Gesetzes. Personen mit einer MdE von mindestens 30 v. H. können nach §§ 2 Abs. 3, 68 Abs. 2 SGB IX auf Antrag von der Agentur für Arbeit den schwerbehinderten Menschen gleichgestellt werden.

Gesetzestext im Originalwortlaut

§

Nach den „Anhaltspunkten für die ärztliche Gutachtertätigkeit im sozialen Entschädigungsrecht":

Der Begriff „MdE" bezieht sich auf die Auswirkungen einer Behinderung oder Schädigungsfolge in allen Lebensbereichen und nicht nur auf Einschränkungen im allgemeinen Erwerbsleben. Die MdE ist ein Maß für die Auswirkungen eines Mangels an funktioneller Intaktheit, also für einen Mangel an körperlichem, geistigem oder seelischem Vermögen. Die MdE gibt damit den Grad der Behinderung (GdB) wieder.

Aus dem Grad der MdE ist nicht auf das Ausmaß der Leistungsfähigkeit zu schließen. Die MdE ist grundsätzlich unabhängig vom ausgeübten oder angestrebten Beruf zu beurteilen, es sei denn, dass bei Begutachtungen im sozialen Entschädigungsrecht ein besonderes Betroffensein berücksichtigt werden muss.

Die Anerkennung von Erwerbsminderung durch einen Rentenversicherungsträger oder die Feststellung einer Dienstunfähigkeit oder Arbeitsunfähigkeit erlaubt keine Rückschlüsse auf den Grad der MdE, wie umgekehrt aus dem Grad der MdE nicht auf die genannten Leistungsvoraussetzungen anderer Rechtsgebiete geschlossen werden kann.

Ein schwerbehinderter Mensch ist auch ein erwerbsunfähiger Beschädigter des Kriegsopferrechts, wozu – wie oben bereits erwähnt – beispielsweise auch Personen gehören, denen nach dem Gewaltopferrecht Ansprüche zustehen.

BU (Berufsunfähigkeit)

Eine präzise Definition des Begriffes „Berufsunfähigkeit" im Rentenversicherungswesen finden Sie auf den Seiten 26 bis 27. Sie ist bedeutsam für zugebilligte Renten ab dem 01.01.2001, wenn die Rentenbewerber vor dem 02.01.1961 geboren wurden, außerdem natürlich auch für vor dem 01.01.2001 zugebilligte Berufsunfähigkeitsrenten.

EU (Erwerbsunfähigkeit)

Ein Versicherter ist erwerbsunfähig, wenn sein Leistungsvermögen so eingeschränkt ist, dass er selbst leichte Arbeiten nicht mehr vollschichtig verrichten kann. Der Begriff „Erwerbsunfähigkeit" hat nur noch für „Altrenten" Bedeutung, Renten also, die vor dem 01.01.2001 zugebilligt wurden.

Erwerbsminderung

Die Erörterung der teilweisen oder vollen Erwerbsminderung, die seit 01.01.2001 an die Stelle der Berufs- bzw. Erwerbsunfähigkeit ge-

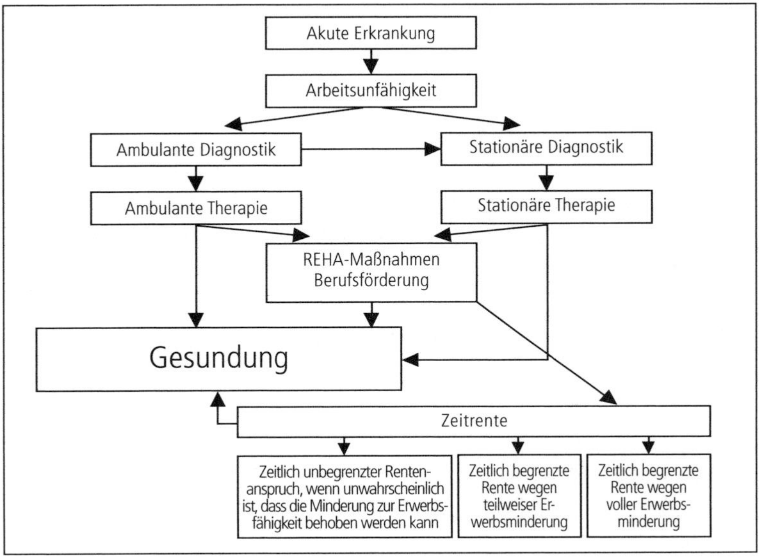

treten ist und bei Versicherten, die am 01.01.2001 das 40. Lebensjahr vollendet haben (Geburt vor dem 02.01.1961) durch die Berufsunfähigkeit ersetzt wurde, ist den Seiten 19 bis 27 zu entnehmen.

Wer kann einen Antrag auf Frührente empfehlen?

Für eine Frühberentung sind die gesundheitlichen Gründe ausschlaggebend, ebenso wie für Rehabilitationsmaßnahmen des Rentenversicherungsträgers. Deshalb ist es einer ärztlichen Stelle wie

- dem Hausarzt
- behandelnden Facharzt
- dem Arzt eines Gesundheitsdienstes
- dem Klinikarzt
- dem Arzt einer Rehabilitationseinrichtung

vorbehalten, einem kranken Patienten die Notwendigkeit einer Frühberentung zu unterbreiten.

Praxis-Tipp:

Die Sozialversicherungsträger sind kraft Gesetzes verpflichtet, die Versicherten zu beraten. Dies bedeutet, dass auch eine Rentenberatungsstelle der Rentenversicherungsträger, z. B. ein Versichertenältester, dem Versicherten nach Schilderung seiner Krankheitsgeschichte den Rat geben kann, einen Antrag auf Rente wegen Erwerbsminderung prüfen zu lassen. Auch private Rentenberater können solche Ratschläge erteilen.

Aus einer Empfehlung dieser Art ist natürlich noch nicht die Gewissheit herzuleiten, dass der Antrag auch Erfolg haben wird. Allerdings ist bei solchen Fachleuten zu unterstellen, dass ein Antrag jedenfalls nicht sinnlos ist, wenn er nach ihrer Empfehlung gestellt wird.

Wann erlischt der Krankengeldanspruch?

Bekanntlich wird Krankengeld für einen relativ langen Zeitraum gewährt, nämlich bis zu längstens 78 Wochen (eineinhalb Jahre).

Die Krankenkassen sind aber daran interessiert, dass so früh wie möglich eine Rente wegen teilweiser oder voller Erwerbsminderung vom Rentenversicherungsträger gewährt wird. Wird Rente wegen voller Erwerbsminderung gezahlt, endet der Krankengeldanspruch. Bei rückwirkender Rentenzubilligung geht die Rente bis zur Krankengeldhöhe auf die Krankenkasse über. Wird dem arbeitsunfähig kranken Versicherten lediglich eine Rente wegen teilweiser Erwerbsminderung gewährt, kommt es unter bestimmten Voraussetzungen zu einer Krankengeldkürzung.

Wird die Rente wegen Erwerbsminderung auf Zeit gezahlt (Normalfall), kommt eine Gewährung erst ab Beginn des siebten Monats der Arbeitsunfähigkeit in Betracht. Für die Zeit vorher besteht für gesetzlich krankenversicherte Personen der ungekürzte Krankengeldanspruch.

Rehabilitation (Leistungen zur Teilhabe) hat Vorrang!

Stellt ein Arzt (z. B. des Medizinischen Dienstes der gesetzlichen Krankenversicherung) fest, dass die Erwerbsfähigkeit des Versicherten gefährdet oder gemindert ist, kann die Krankenkasse den Versicherten auffordern, einen Antrag auf Leistungen zur medizinischen Rehabilitation und Teilhabe am Arbeitsleben zu stellen. Sie kann dabei eine Frist von zehn Wochen setzen, innerhalb der der Antrag zu stellen ist. Hat ein Versicherter seinen Wohnsitz oder gewöhnlichen Aufenthalt im Ausland, kann ihm die Krankenkasse eine Frist von zehn Wochen setzen, innerhalb der er entweder einen Antrag auf Leistungen zur medizinischen Rehabilitation und Teilhabe am Arbeitsleben bei einem Leistungsträger im Inland oder einen Antrag auf Rente wegen voller Erwerbsminderung bei einem inländischen Rentenversicherungsträger zu stellen hat.

Achtung: Stellen Versicherte innerhalb dieser Frist den Antrag nicht, entfällt der Anspruch auf Krankengeld mit Ablauf der Frist. Wird der Antrag später gestellt, lebt der Anspruch auf Krankengeld mit dem Tag der Antragstellung wieder auf. Rechtsgrundlage für diese Regelung ist § 51 SGB V.

Das Dispositionsrecht des Versicherten

Hat der Krankenversicherungsträger eine solche Frist gestellt, hat er nach der Auffassung des Bundessozialgerichts das Dispositionsrecht des Versicherten eingeschränkt. Der Versicherte kann dann einen einmal gestellten Rentenantrag nicht mehr ohne Zustimmung der Krankenkasse zurücknehmen. Ist das Dispositionsrecht allerdings nicht eingeschränkt, wurde also durch die Krankenkasse keine Frist gestellt, kann eine solche Rücknahme jederzeit erfolgen. Auch ist ein Verzicht auf (laufende) Rentenansprüche möglich (§ 46 SGB I).

Praxis-Tipp:

Der Antrag auf Leistungen zur Teilhabe kann leicht zu einem Anspruch auf Rente wegen teilweiser oder voller Erwerbsminderung führen.

Werden nämlich die Leistungen zur Teilhabe vom Rentenversicherungsträger abgelehnt, weil nach ärztlichem Gutachten keine Erfolgsaussicht besteht (die Erwerbsfähigkeit also nicht wiederhergestellt oder gebessert werden kann), dann gilt kraft Gesetzes der Antrag auf Leistungen zur medizinischen Rehabilitation oder zur Teilhabe am Arbeitsleben als Rentenantrag (§ 116 SGB VI). Das Gleiche gilt, wenn sich nach Abschluss der Rehabilitationsmaßnahme herausstellt, dass sie erfolglos gewesen ist.

Wichtig: In der Praxis sendet der Rentenversicherungsträger dem Versicherten in solchen Fällen einen Rentenantrag zu. Ist die Dispositionsbefugnis des Versicherten eingeschränkt, muss er den Antrag stellen, wenn er nicht seinen Anspruch auf Krankengeld verlieren will.

Wann wird ein ärztliches Gesundheitszeugnis ausgestellt?

Jener Arzt, auf dessen Rat hin die Frührente beantragt wurde, wird auch die Krankheiten attestieren. Das somit erstellte sog. ärztliche Gesundheitszeugnis bringt eine sorgfältige, sachkundige Einschätzung des Krankheitszustandes zum Ausdruck, und ihm kommt beim Frührentenverfahren eine große Bedeutung zu.

Juristischerseits gilt, dass „ärztliche Gesundheitszeugnisse gewichtigen Beweiswert haben, sie müssen somit inhaltlich richtig sein". Deshalb ist für den Arzt bei der Abfassung des Attests der § 278 Strafgesetzbuch (StGB) bindend.

Darunter ist zu verstehen, dass das Gesetz dem Arzt streng untersagt, Gefälligkeitszeugnisse auszustellen.

Führen Sie ein offenes Gespräch mit dem Arzt Ihres Vertrauens

Ein Kranker kann seinen eigenen Gesundheitszustand nie objektiv beurteilen. Selbst Ärzte können es nicht unbedingt, wenn sie selbst erkrankt sind.

Der Grund hierfür ist, dass häufig subjektive Empfindungen wie Schmerzen usw. das objektive Krankheitsgeschehen überlagern und dadurch zu trügerischen Fehlurteilen bei der Einschätzung des Schweregrades der tatsächlich zugrunde liegenden organischen Veränderungen führen.

Im Gegensatz dazu kann jemand seine Restgesundheit auch völlig überschätzen und sie durch zu langen Verbleib im Berufsleben völlig ruinieren.

Praxis-Tipp:

Ein vertrauensvolles offenes Gespräch mit dem behandelnden Arzt über die vorliegenden Krankheiten ist in Bezug zur körperlichen Leistungsfähigkeit im Beruf als unerlässliche Bedingung bei der Beurteilung einer Frührentenbedürftigkeit zu erachten. Nicht zuletzt deshalb, weil dadurch bittere Enttäuschungen, z. B. bei unbegründetem Rentenwunsch, erspart bleiben.

Meist sind die Patienten unschlüssig, ob sie nun eine Rente bei Erwerbsminderung beantragen sollen oder nicht. Der Hausarzt hat hier die Pflicht, objektiv die diesbezüglichen Fragen mit dem Patienten zu besprechen. Ist er der Meinung, dass sein Patient teilweise oder voll erwerbsgemindert ist, verstößt er gegen keinerlei Gesetz, wie irrtümlicher Weise häufig angenommen wird, wenn er ihm rät, einen entsprechenden Antrag auf Frührente zu stellen. Er sollte sich aber auch nicht scheuen, von der Antragstellung abzuraten, wenn er erkennt, dass der Antrag keine Chance haben wird.

Rät der Arzt zur Rentenantragstellung, wird er die attestierten Krankheitsschäden mit entsprechenden Kommentaren über die bisherigen therapeutischen Bemühungen und Heilungschancen versehen, um dadurch das Rentenbegehren zu begründen und zu unterstützen.

Es kann auch der Fall eintreten, dass von mehreren der behandelnden Ärzte oder Fachärzte je ein Attest einzuholen ist.

Wichtig: Immer bleibt zu bedenken, dass bei der Beurteilung einer Frührentenbedürftigkeit durch die Rentenversicherungsanstalt der ganze Mensch mit allen seinen Gesundheitsschäden und nicht nur einzelne Organerkrankungen oder Behinderungen begutachtet werden müssen.

Der Rentenantrag und das ärztliche Gutachten

4

Ohne Antrag läuft nichts!

Den Rentenantrag bzw. Antrag auf Frührente stellt immer das Mitglied selbst an seinen Rentenversicherungsträger.

Praxis-Tipp:

Die dazu benötigten Formulare sind bei den Rentenberatungsstellen, Krankenkassen, Gemeindeverwaltungen erhältlich. Für sämtliche Rentenarten, z. B. Rente wegen teilweiser oder voller Erwerbsminderung oder/und Regel-Altersrente werden die gleichen Formblätter verwendet.

Allein schon das Ausfüllen des Rentenantrages bedeutet für viele Menschen eine schlimme Vorstellung, da es ein ganzes Bündel von Vordrucken gibt, die ausgefüllt werden müssen.

Wichtig: Die Auskunfts- und Beratungsstellen (Adressen siehe ab Seite 144) helfen Ihnen gerne. Sie sollten aber vorher unbedingt einen Beratungstermin vereinbaren. Denn Besucher mit abgesprochenem Termin ersparen sich Wartezeiten!

Welche Versicherungsunterlagen sind zusätzlich notwendig?

Versäumen Sie nicht, frühzeitig Ihre Versicherungsunterlagen auf Vollständigkeit zu prüfen. Der folgende Auszug aus den „Erläuterungen zum Antrag auf Versichertenrente“ der Deutschen Rentenversicherung Bund [früher BfA] gibt Ihnen einen Überblick, welche Unterlagen Sie bereithalten sollten.

Versicherungsunterlagen, Nachweise über Ersatzzeiten und Anrechnungszeiten

Mit dem Rentenantrag sind Versicherungsunterlagen sowie Nachweise über Ersatzzeiten und Anrechnungszeiten dann nicht einzusenden, wenn sie der Rentenversicherung Bund in einem Kontenklärungsverfahren bereits vorgelegen haben.

Ist die **Vorlage von Versicherungsunterlagen** (z. B. Versicherungskarten, Aufrechnungsbescheinigungen, Beitragsbescheinigungen) erforderlich, bitten wir diese im Original einzusenden. Versicherte, die die erforderlichen Daten mit Eintragungen in dem Ausweis für Arbeit und Sozialversicherung nachweisen, sind berechtigt, in einer Ablichtung des Ausweises (mit Übereinstimmungsbestätigung) die Daten unkenntlich zu machen, die für den Träger der Rentenversicherung nicht erforderlich sind. Bei **sonstigen Unterlagen** (z. B. Nachweise über Ersatzzeiten und Anrechnungszeiten) **und Urkunden genügen auch Fotokopien oder Abschriften, sofern deren Übereinstimmung mit dem Original bestätigt ist**. Wir bitten Sie diese Bestätigung (keine amtliche Beglaubigung) durch die Auskunfts- und Beratungsstellen der Rentenversicherung Bund, ihre Versichertenältesten sowie durch die anderen Sozialleistungsträger (z. B. Krankenkassen), aber auch durch die Versicherungsämter bzw. die Stadt- oder Gemeindeverwaltungen und die deutschen Auslandsvertretungen vornehmen zu lassen; die Bestätigung erfolgt kostenlos. Es reicht nicht aus, wenn die Bestätigung der Übereinstimmung der Fotokopie oder Abschrift mit dem Original von Ihnen selbst oder von einem Rechtsanwalt, Rechtsbeistand oder Rentenberater vorgenommen wird. Soweit Sie in Berlin wohnen, empfehlen wir Ihnen, sich unmittelbar an die Rentenversicherung Bund zu wenden.

Urkunden

Sofern eine Bestätigung der Personenstandsdaten unter Ziffer 2 des Rentenantrags nicht vorgenommen wurde, sind Personenstandsurkunden vorzulegen. Sollten Sie keine Geburts- oder Heiratsurkunde besitzen, die Sie uns als Original oder als Fotokopie oder Abschrift mit Übereinstimmungsbestätigung einsenden können, ist auch eine bestätigte Fotokopie des Personalausweises oder des Reisepasses ausreichend.

Man muss sich begutachten lassen!

Das ärztliche Gutachten bzw. ärztliche Sachverständigengutachten über den jeweiligen Gesundheitszustand des Antragstellers wird auf Veranlassung eines Rentenversicherungsträgers durch entsprechend qualifizierte freie ärztliche bzw. fachärztliche Gutachter – die vom Rentenversicherungsträger benannt werden – erstellt.

Wenn auf diese Weise der Versicherungsträger oder eine Versorgungsbehörde im Verwaltungsverfahren ein medizinisches Gutachten einholt, so erfüllt er seine Pflicht, den Sachverhalt von Amts wegen zu ermitteln (§ 20 SGB X).

Verfassungsrechtlich gelten die oben genannten Behörden ebenso wie alle anderen Verwaltungsbehörden als vollziehende Gewalt und sind somit an Gesetz und Recht gebunden. Deshalb ist z. B. ein Versicherungsträger verpflichtet, ein Höchstmaß an Sorgfalt aufzuwenden und den Sachverhalt in allen für die Entscheidung wesentlichen Fragen aufzuklären, bevor er einen Bescheid erlässt.

Insbesondere die medizinische Abklärung von Sachverhalten in großen Bereichen der sozialen Absicherung breiter Schichten der Bevölkerung unseres Sozialstaates liefert den Sozialverwaltungen in Form von Gutachten die Grundlage für die Entscheidungen, die sie über bestimmte soziale Rechte und Ansprüche eines Bürgers tagtäglich zu treffen haben.

Praxis-Tipp:

Sehr wichtig hierzu ist die Klarstellung des Bundessozialgerichtes darüber, dass ein Verwaltungsgutachten, dazu gehört auch das medizinische Sachverständigengutachten, als sog. unparteiisches Gutachten zu betrachten ist.

Wie Gutachter vorgehen

Die Fragestellungen für den Gutachter werden behördlicherseits, d. h. in diesem Fall vom Rentenversicherungsträger, vorgegeben.

Diese bestimmen sein Vorgehen bei der Erarbeitung einer rentengutachterlichen Aussage. So werden sich Umfang ebenso wie Inhalt nach dem jeweiligen Auftrag und der Fragestellung ausrichten.

Da die Verwaltungsbehörden oftmals aus Gründen der Rechtsgleichheit Antragstellern das Gutachten zugänglich zu machen haben, wird der Gutachter sich bemühen, diagnostische Feststellungen bzw. Schlussfolgerungen allgemein verständlich zu formulieren.

Wichtig: Das diagnostische Vorgehen, die Bewertung von Untersuchungsergebnissen, das Ziehen von Schlussfolgerungen usw. richten sich im Gutachten streng nach der heute in der Bundesrepublik geltenden allgemeinen Lehrmeinung der Schulmedizin und nicht nach persönlichen Ansichten des Gutachters oder eines Außenseiters der medizinischen Wissenschaften.

Die Pflicht zur Mitwirkung

Der Versicherte hat die Pflicht zur Mitwirkung, d. h. er muss sich einer gutachterlichen Untersuchung durch den Rentenversicherungsträger, bei dem er eine Rente wegen teilweiser oder voller Erwerbsminderung beantragt hat, unterziehen, wenn dieser die Untersuchung für notwendig hält.

Im Rahmen der Pflicht zur Mitwirkung hat der Versicherte auch alle Daten und Unterlagen, die für eine Entscheidung über den Rentenantrag benötigt werden, zur Verfügung zu stellen. So will es § 62 SGB I.

Unter Umständen besteht eine Pflicht zur Heilbehandlung oder zur Teilnahme an berufsfördernden Maßnahmen – amtlich: Maßnahmen zur Teilhabe am Arbeitsleben (§§ 62, 63, 64 SGB I).

Wo liegen die Grenzen der Mitwirkungspflicht?

Sie werden für alle Bereiche der Sozialverwaltung in § 65 SGB I abgesteckt. Demnach endet die Mitwirkungspflicht des Antragstellers, wenn „ihre Erfüllung nicht in einem angemessenen Verhältnis zu der in Anspruch genommenen Sozialleistung steht oder dem

Betroffenen aus einem wichtigen Grund nicht zugemutet werden kann" oder wenn „der Leistungsträger sich durch einen geringeren Aufwand als der Antragsteller oder Leistungsberechtigte die erforderlichen Kenntnisse selbst beschaffen kann".

Zu beachten ist hier aber auch § 65 Abs. 2 SGB I. Danach können Behandlungen und Untersuchungen,

- bei denen im Einzelfall ein Schaden für das Leben oder die Gesundheit nicht mit hoher Wahrscheinlichkeit ausgeschlossen werden kann,
- die mit erheblichen Schmerzen verbunden sind oder
- die einen erheblichen Eingriff in die körperliche Unversehrtheit bedeuten,

abgelehnt werden (siehe auch ab Seite 96).

Was will der Rentenversicherungsträger wissen?

Er will erfahren, ob Gründe für eine Frühberentung

- versicherungsrechtlich ausreichend erfüllt,
- klinisch-medizinisch genügend stichhaltig
- und sozial tragfähig

vorhanden sind.

Die entscheidenden Fragen

- Ist die allgemeine körperliche Leistungsfähigkeit durch das Vorliegen von Krankheiten oder Behinderungen beeinträchtigt und wenn ja, in welchem Ausmaß?
- Reicht die jeweilige reduzierte körperliche Leistungsfähigkeit (Restgesundheit) zum Verrichten von Arbeiten im Beruf beziehungsweise auf dem allgemeinen Arbeitsmarkt noch aus? Anders ausgedrückt, wie stark ist die Berufsausübung bereits eingeschränkt?

noch: Die entscheidenden Fragen

- Kann die berufliche Arbeit nur noch auf Kosten der Restgesundheit verrichtet werden?
- Reicht die Restleistungsfähigkeit bei Beachtung gewisser Einschränkungen (z. B. kein schweres Heben und Tragen, kein Überkopf-Arbeiten usw.) zur Verrichtung von beruflichen Tätigkeiten aus?
- Wie sieht das positive und negative Leistungsbild des Antragstellers aus, d. h. welche körperlichen Kraftanwendungen, Bewegungsabläufe, Aufgabenbewältigungen körperlicher oder psychischer Art können oder können nicht mehr zugemutet werden?
- Könnten stationäre rehabilitative Heilmaßnahmen die Berufsfähigkeit wiederherstellen?
- Wäre es möglich, durch berufsfördernde Maßnahmen wie z. B. Umschulung, innerbetriebliche Umsetzung usw. die Erwerbsfähigkeit zu erhalten?
- Genügt die Leistungsfähigkeit für Alternativarbeiten am allgemeinen Arbeitsmarkt ohne oder mit Einschränkungen?
- Handelt es sich bei den Erkrankungen um Dauerschäden mit oder ohne Heilungschancen?
- Wurden bereits alle therapeutischen und rehabilitativen Möglichkeiten ausgeschöpft?

Weiterhin behält sich der Rentenversicherungsträger vor, vom Rentengutachter außer zu den allgemeinen Stellungnahmen noch eine spezielle Meinungsäußerung zu Fragen über Person und Beruf des Antragstellers zu verlangen.

Wichtig: Der Gutachter hat alle ärztlich relevanten Tatsachen gemäß den Fragestellungen des Rentenversicherungsträgers zu prüfen und seine Feststellungen in die gutachterliche Beurteilung einfließen zu lassen. Die daraus resultierende gutachterliche Aussage dient dann bei der „amtlichen" Entscheidung des Rentenversicherungsträgers als wichtige Grundlage für den Rentenbescheid.

Wie wird der Gutachter ausgewählt?

Der Rentenversicherungsträger wird aus dem Antragschreiben, den ärztlichen Attesten und sonstigen eingereichten Unterlagen entnehmen, von welcher Fachrichtung ein Gutachter für die Beurteilung der angegebenen Krankheiten zuständig ist, und erteilt dementsprechend einen oder mehrere Aufträge zur Durchführung der gesundheitlichen Begutachtung des Antragstellers.

Der benannte Gutachter kann hauptberuflicher Amtsarzt, Klinikarzt oder niedergelassener Vertragsarzt der gesetzlichen Krankenversicherung, d. h. Kassenarzt (korrekte Bezeichnung: Vertragsarzt) sein.

Er entscheidet nach den §§ 383, 384, 408 ZPO, ob er den jeweiligen Gutachtenauftrag annimmt oder annehmen kann. So lehnt z. B. ein Gutachter den erteilten Auftrag ab, wenn er

- die gesetzte Frist nicht einhalten kann,
- im Prozesszusammenhang als befangen gelten könnte,
- der Auftrag seine Möglichkeiten überschreitet,
- der Auftrag ihm fachfremd ist.

Zugegeben, eine Untersuchung bei einem fremden, vom Versicherungsträger bestimmten Arzt ist für die Betroffenen mit Skepsis und Misstrauen behaftet, insbesondere für diejenigen, die das Verfahren nicht kennen und sich nicht sorgfältig darauf vorbereiten. Wie Sie sich optimal vorbereiten, erfahren Sie ab Seite 57.

Selbst solche Gutachter, die wegen über Jahrzehnte hinweg angehörter „Klagen“ nicht mehr allzu empfänglich sind, werden ein Bemühen des Patienten um sachliche Mitwirkung sehr begrüßen. Allerdings darf humanitäres Mitgefühl gegenüber Beschwerden und die Anwendung gutachterlicher Kriterien nicht verwechselt werden.

Praxis-Tipp:

Dem Antragsteller ist es auch möglich, einen von der Rentenversicherung benannten Gutachter abzulehnen.

Dazu muss er nachweisen, dass der benannte Gutachter mit hoher Wahrscheinlichkeit keine objektive und neutrale gutachterliche Entscheidung treffen würde.

Was tun bei einem falschen Gutachter?

Die Alltagserfahrungen zeigen, dass manchmal der benannte Gutachter auf ein Fachgebiet spezialisiert ist, das dem Hauptleiden des Antragstellers gar nicht entspricht. So kann es vorkommen, dass Patienten mit Erkrankungen der inneren Organe zu einem Facharzt für Orthopädie oder Nervenkranke zum Internisten geschickt werden.

Achtung: In solchen Fällen empfiehlt es sich, schon vor der Untersuchung Rücksprache mit dem Rentenversicherungsträger zu halten.

Allerdings ist Vorsicht geboten. Es könnten z. B die im Vordergrund stehenden Beschwerden von Nebenleiden herrühren und so dem Laien ein falsches Bild vermitteln.

Ihr Gutachtertermin: Den sollten Sie nicht vergessen!

Ein ständiger Gutachter des betreffenden Rentenversicherungsträgers, nahe dem Wohnort des Antragstellers, erhält den Auftrag zur Erstellung eines Gutachtens oder Fachgutachtens zum Rentenantrag. Sie als Antragsteller werden vom Gutachter zur gutachterlichen Untersuchung einbestellt. Oftmals können Sie auch den Gutachter selbst bestimmen, z. B. beim Antrag auf Heilverfahren. Sie können ihn aus Vorschlagslisten des Rentenversicherungsträgers heraussuchen. Den Begutachtungstermin müssen Sie dann mit dem Gutachter vereinbaren.

Falls Sie gehfähig bzw. nicht bettlägerig erkrankt sind, haben Sie zum genannten Termin zu erscheinen.

Achtung: Können Sie die Arztpraxis des Gutachters nur mit Hilfe einer Begleitperson aufsuchen, sollten Sie den Gutachter darüber informieren.

Wenn der Termin nicht klappt

Falls der Untersuchungstermin beim Gutachter aus triftigem Grund, z. B. Krankenhausaufenthalt oder akute Erkrankung mit Bettlägerigkeit, nicht wahrgenommen werden kann, bemühen Sie sich sofort um eine Terminverlegung – was meist problemlos möglich ist. Ratsam ist es, sich hierzu rechtzeitig mit dem Rentenversicherungsträger oder dem Gutachter zu verständigen.

Wichtig: Eine längere Terminverschiebung wird nicht immer möglich sein, da auch dem Gutachter vom Rentenversicherungsträger für das Erstellen des Gutachtens eine Frist gesetzt ist. Die Frist beträgt im Allgemeinen vier Wochen. Sie ist deshalb wichtig, weil das Gutachten binnen einer Zeit abgeschlossen werden soll, in der der Gutachter noch über einen persönlichen Eindruck über den Versicherten verfügt.

Bei längerer Verzögerung können sich auch Feststellungen über Krankheitsbefunde ändern, weshalb der Antragsteller eine Nachuntersuchung verlangen kann.

Wenn der Antragsteller nicht erscheint

Bei unentschuldigtem Nichterscheinen des Versicherten zum Untersuchungstermin hat der Gutachter den Frührentenantrag an die Rentenversicherungsanstalt zurückzusenden. Somit ist er gar nicht in der Lage, im Falle eines nachträglichen Verlangens einen neuen Untersuchungstermin anzubieten.

Es ist Vorsicht geboten, da ein unentschuldigtes Versäumen eines Untersuchungstermins den Rentenversicherungsträger dazu berechtigt, den Rentenantrag abzuweisen.

Wie wird begutachtet?

Der Rentenversicherungsträger schickt dem Gutachter den Auftrag zur Erstellung des Gutachtens in Begleitung mit Angaben über Ihren beruflichen Werdegang, zusammen mit jenen ärztlichen Unterlagen, die Sie mit dem Rentenantrag einreichten, zu. Diese Unterlagen alleine reichen für eine Begutachtung ihres Gesundheitszustandes jedoch nicht aus.

Der Gutachter strebt eine möglichst umfassende Information über alle Ihre Gesundheitsschäden und der damit verbundenen Art und dem Ausmaß der Kräfteminderung, aber auch über Ihren allgemeinen Gesundheitszustand an.

Hierzu steht ihm die üblicherweise einmalige Begegnung mit dem Antragsteller in seiner Praxis zur Verfügung. Er will ihn als Menschen, als Kranken, als beruflich Tätigen, der sich in seinem sozialen Umfeld und in seiner Arbeitsumwelt, sowie im von ihm selbst mehr oder weniger glücklich gestalteten privaten Milieu zurechtzufinden hat, kennen lernen.

Somit findet bei der Wahrnehmung eines gutachterlichen Termins nicht nur die Begegnung eines kranken Antragstellers und eines Arztes als Gutachter statt, sondern auch eine menschliche Begegnung.

Auf dieser Basis sollte ein gewisses Vertrauensverhältnis entstehen zur gemeinsamen Erarbeitung der Grundlagen eines Gutachtens wie der Erhebung der Krankengeschichte und der Erfassung des Beschwerdebildes.

Wichtig: Deutlich soll hier herausgestellt werden, dass ein freier Gutachter von seinem Auftraggeber unabhängig ist. Er gestaltet für Sie als Antragsteller – einen berechtigten Anspruch vorausgesetzt – eine sachverständige Beweisführung zur Erlangung der Frührente.

Was erwartet Sie, wenn Sie den Untersuchungstermin wahrnehmen?

Wie bereits erwähnt, besitzt der Gutachter vorerst in den meisten Fällen nur sehr spärliche Informationen über die Person des Antragstellers und seine Krankheiten. Dazu kommt, dass er ihm in den meisten Fällen nur einmal begegnet. Man muss deshalb mit einer entsprechend langen zeitlichen Inanspruchnahme rechnen.

Die gesamte gutachterliche Untersuchung, z. B. im Bereich der inneren Medizin, kann unter Umständen vier bis fünf Stunden in Anspruch nehmen. Es ist gut, sich darauf vorher einzustellen!

Jeder Gutachter muss seinen Auftrag unter Einhaltung bindender Richtlinien bearbeiten. Diese Richtlinien sind:

- maximale Objektivität
- wissenschaftliche Gründlichkeit
- Unabhängigkeit

Der Rentengutachter hat weder einseitig die Interessen des Auftraggebers, d. h. der Rentenversicherungsanstalt, noch die der Antragsteller zu vertreten. Eine Verpflichtung besteht primär gegenüber der Solidargemeinschaft aller Versicherten und den geltenden Rechtsvorschriften.

Wichtig: Das Sachverständnis und die Fachkenntnis des Gutachters bringen, bei sorgfältiger Aufarbeitung aller relevanten Krankheitsgeschehnisse, die Beweisführung für den berechtigten Anspruch einer Frührente, die dann der Versicherungsanstalt als Entscheidungsgrundlage dient.

Sie als Antragsteller können wesentlich dazu beitragen, dass eine sorgfältige Aufarbeitung Ihrer Krankheitsgeschehnisse dem Gutachter möglich wird, indem Sie sich schon zu Hause auf die gutachterliche Untersuchung sorgfältig vorbereiten.

Ihr Gutachtertermin: So bereiten Sie sich vor!

5

Fallen Sie nicht mit der Tür ins Haus

„Ich werde alle meine Beschwerden vortragen und möglichst betonen, was ich alles nicht mehr machen oder schaffen kann", nimmt sich gewöhnlich der Antragsteller vor, „schließlich muss der Gutachter überzeugt werden, damit er mir die Rente zuspricht." Diese Ansicht ist falsch, sie muss korrigiert werden.

Erstens, es ist nicht richtig, dass der Gutachter über Ihre Rente entscheidet. Bitte erinnern Sie sich, dass die Entscheidung über Ihren Frührentenantrag ein Verwaltungsakt ist. Das ärztliche Gutachten spielt dabei eine wichtige, jedoch nicht die alleinige Rolle. Fehlerhaft ist auch die Vorstellung, dass dem Gutachter möglichst viele Beschwerden vorgetragen werden sollten, um ihn zu überzeugen. Selbstverständlich wird sich der Gutachter Ihre Beschwerden anhören. Seine primäre Aufgabe ist jedoch nicht eine Beschwerdeanalyse, um Ihre Krankheiten daraus zu diagnostizieren.

Praxis-Tipp:

Eine abklärende Diagnostik Ihrer Krankheiten muss bereits vor der gutachterlichen Untersuchung erfolgt sein. Ihre Diagnosen sollten sich in den ärztlichen Unterlagen, die Sie dem Gutachter vorlegen, befinden.

Der Gutachter prüft die Richtigkeit Ihrer Diagnosen und setzt diese mit Ihren Beschwerden in Bezug, um daraus über die Minderung Ihrer allgemeinen körperlichen Leistungsfähigkeit bzw. beruflichen Einsatzfähigkeit auf dem allgemeinen Arbeitsmarkt Schlüsse zu ziehen.

Es muss nochmals auf die Wichtigkeit bestimmter Zusammenhänge hingewiesen werden: Nicht die von Ihnen erzählten Beschwerden, sondern Ihre mitgebrachten Diagnosen, d. h. Ihre bereits festgestellten Erkrankungen, werden die wichtigsten Erkenntnisse für den Gutachter liefern.

Legen Sie Ihre Krankheiten schwarz auf weiß vor

Keine Ihrer körperlichen oder psychischen Beschwerden darf im Rahmen einer Vorbereitung zur gutachterlichen Untersuchung kassenärztlich unabgeklärt bleiben. Auch dann nicht, wenn Sie glauben, dass irgendeine schwere Erkrankung sowieso ausreichend sei für einen positiven Rentenbescheid.

Mit Hilfe Ihres Hausarztes können alle Ihre Missempfindungen, wie Unwohlsein, Erschöpfungsgefühl, Schlaflosigkeit usw., evtl. infolge von Überspanntsein, zu starker nervlicher Belastung oder Unzufriedenheit, aber auch als Symptom organischer Erkrankungen richtig gedeutet, diagnostiziert, therapiert und hinsichtlich Ihrer allgemeinen Leistungsfähigkeit interpretiert werden.

Praxis-Tipp:

Falls es notwendig ist, drängen Sie noch vor dem Gutachtertermin auf präzise fachärztliche Abklärung Ihrer Leiden. Begnügen Sie sich nicht mit Pauschaldiagnosen wie „Verschleiß von Gelenken" oder „nervöser Magen".

Der Gutachter wird Sie bei ernsthaften Erkrankungen nach fachärztlicher Abklärung bzw. fachärztlichen Diagnosen fragen, zumal diese Diagnosen dem Hausarzt in Form von sog. „fachärztlichen Befundberichten" zur Verfügung stehen.

Achtung: Wenn Sie das Anstreben einer solchen sog. abklärenden Diagnostik unterlassen haben, obwohl diese Ihnen im Rahmen der kassenärztlichen Versorgung zusteht, kann vom Gutachter dies so verstanden werden, dass Sie Ihre Leiden selbst doch nicht so ernst nehmen.

Beispiel:

Dem Gutachter kann es durchaus widersprüchlich erscheinen, dass jemand über Jahre mit Magenschmerzen herumläuft und nie eine Magenspiegelung vornehmen ließ, oder sich wegen einer Bronchialasthma-Erkrankung berenten lassen will und sich nie einer Lungenfunktionsprüfung, einem Allergietest oder einer Nasen-Nebenhöhlenuntersuchung unterzog.

Ein Antragsteller sollte deshalb nicht verwundert reagieren, wenn ein Gutachter sich streng nach den allgemein anerkannten und verlangten Regeln des diagnostischen Vorgehens hält und dementsprechend sich nach dem Vorhandensein von früheren ärztlichen Befunden erkundigt bzw. eine ergänzende Diagnostik im Rahmen des Gutachterverfahrens vorschlägt.

Welche früheren ärztlichen Befunde sind vorzulegen?

Ihre wichtigste Aufgabe zur Vorbereitung einer gutachterlichen Untersuchung besteht also darin, dass Sie versuchen, alle ärztlichen oder fachärztlichen Befundberichte, nicht nur die neueren, sondern auch die älteren Datums, über Ihre bisherigen Erkrankungen zu besorgen.

Dabei kann es erforderlich sein, dass Sie nicht nur Ihren Hausarzt, sondern auch andere Sie behandelnde oder früher betreuende Fach- bzw. Krankenhausärzte um Aushändigung von Kopien Ihrer Befunde bitten müssen.

Für den Gutachter ist es wichtig, dass z. B. bei einer schweren, chronisch-progressiven Erkrankung von Ihnen nicht nur die älteren Befunde vorliegen, die frühere diagnostische Abklärungen belegen, sondern auch jene von erst kürzlich durchgeführten Kontrolluntersuchungen, um daraus Schlüsse ziehen zu können, z. B.

- wie rasch die Verschlimmerung einer Krankheit fortschreitet,
- mit welchem Krankheitsstadium man es zu tun hat und
- mit welchen Komplikationen zu rechnen ist.

Wundern Sie sich nicht, wenn der Gutachter außer schriftlich abgefasster Befunde auch die zugrunde liegenden, sog. originalen Befundprotokolle, z. B. im Falle bildgebender Diagnostik das angefertigte Röntgenbild, EKG-Aufzeichnungen oder Lungenfunktions-Messdiagramme usw. ebenfalls einsehen möchte. Die Erklärung hierfür ist, dass die Art der Befunderhebung, die Interpretation von Details oder das Erfahrungswissen der einzelnen Ärzte sehr unterschiedlich sein können.

Achtung: Es ist damit zu rechnen, dass die Besorgung aller Befunde oder die Komplettierung bereits vorliegender Befunde durch Sie selbst oder Ihren Hausarzt – falls er die Aufgabe für Sie übernimmt – erheblichen Zeitaufwand und Mühe kosten wird, weil ältere Befunde sowohl in Krankenhäusern als auch in Arztpraxen in Archiven aufbewahrt werden, die sich häufig in Kellerräumen befinden.

Praxis-Tipp:

Das Vorzeigen der Ladung zur gutachterlichen Untersuchung erleichtert Ihnen die Befundbesorgung, da sie auch eine Aufforderung enthält, ärztliche Unterlagen mitzubringen.

Möglicherweise erhalten Sie vom Gutachter einen gesonderten Vordruck zur Befundanforderung mit einer detaillierten Liste über mögliche Originalbefunde in Begleitung eines Briefes an Arztkollegen, mit der Bitte, die entsprechenden ärztlichen Unterlagen herauszugeben – gegen die Zusicherung, dass diese nach Einsichtnahme unverzüglich zurückgegeben werden.

Mustertext: Befundanforderung

Betrifft: Ärztliche Begutachtung zu Ihrem Rentenantrag im Auftrag der Rentenversicherung Bund.

Sehr geehrte Frau/Herr ....

Ihre gutachterliche Untersuchung wird in meiner Praxis (Adresse mit Stadtplanabschnitt siehe Anlagen) am .... durchgeführt.

Bitte kommen Sie zu dem o.g. Termin morgens um 8 Uhr, nüchtern. Wir werden uns bemühen, alle Erhebungen und notwendigen Untersuchungen einschließlich einem ausführlichen Arztgespräch im Laufe des Vormittags durchzuführen.

Um überflüssige Wiederholungen von Untersuchungen zu vermeiden, bringen Sie bitte ärztliche Befunde, Röntgenbilder, EKG-Streifen, Lungenfunktionsdiagramme usw. von Ihrem Hausarzt bzw. Ihren behandelnden Ärzten zum Untersuchungstermin mit.

Der Ablauf der gutachterlichen Untersuchung kann für Sie erleichtert bzw. abgekürzt werden, wenn Sie die als Anlagen mitgeschickten Fragebogen bereits zu Hause ausfüllen. Notwendig sind Angaben über

- Erkrankungen in Ihrer Famlie
- Ihre Erkrankungen im Kindesalter
- alle Ihre bisherigen und gegenwärtigen Erkrankungen
- Ihre gegenwärtigen Beschwerden und deren Entstehungsgeschichte.

Die Erstellung des ärztlichen Gutachtens ist zeitlich befristet. Geben Sie uns deshalb bitte im Falle von Terminschwierigkeiten unverzüglich Bescheid.

Mit freundlichen Grüßen

....

(Unterschrift)

Die ärztlichen Befundunterlagen werden zwecks Übergabe an den Gutachter meistens dem Patienten direkt ausgehändigt. Nur in wenigen Fällen wird – aus unterschiedlichen Erwägungen heraus – der Postweg vorgezogen. Hierbei kann es sich z. B. um Diagnosen handeln, über die der Patient als Antragsteller nicht informiert wurde, sondern nur seine Angehörigen.

Praxis-Tipp:

Es muss darauf hingewiesen werden, dass Sie die Ihnen anvertrauten ärztlichen Unterlagen mit großer Sorgfalt behandeln sollten. Diese werden Ihnen evtl. in einem verschlossenen Umschlag ausgehändigt, obwohl der Inhalt Sie selbst betrifft. Dieses Vorgehen dient der Sicherheit, d. h. der Wahrung der ärztlichen Schweigepflicht und dem Schutz Ihrer intimsten, persönlichsten Daten.

Bei einem guten Vertrauensverhältnis zu Ihrem Hausarzt können Sie ihn aber jederzeit um die Erörterung Ihrer Krankheiten bitten.

Hierzu sei noch zu vermerken, dass es klug und üblich ist – und Sie immer das Recht und die Möglichkeit dazu haben –, bei schwer wiegenden gesundheitlichen Problemen oder Entscheidungen auch die Meinung mehrerer Ärzte einzuholen, wobei Ihnen Ihr Hausarzt sicherlich behilflich sein wird.

Eventuelle Meinungsdifferenzen unter den konsultierten Ärzten und Ihrem Hausarzt sollten dann durch Austausch von Sachargumenten, ohne Einbeziehung des Patienten, bereinigt werden.

Aus diesen Überlegungen heraus kann es der Gutachter auch für notwendig erachten, mit dem einen oder anderen Verfasser der ihm vorgelegten Facharztbefunde telefonisch Rücksprache zu nehmen. Von der Notwendigkeit einer solchen Rücksprache werden Sie in Kenntnis gesetzt.

Als erste Hausaufgabe zur Vorbereitung einer gutachterlichen Untersuchung gilt es also, frühere ärztliche Befunde zu besorgen – gegebenenfalls alte Untersuchungen zu wiederholen und manche Diagnosen durch Heranziehen weiterer Fachärzte vertiefen und vervollständigen zu lassen.

Checkliste: Ärztliche Befunde

- hausärztliches Attest
- Krankenhausentlassungsberichte
- Heilverfahrens-, Sanatoriums- bzw. Kurberichte
- amtsärztliche Berichte
- Laboruntersuchungsbefunde
- röntgenfachärztliche Untersuchungsbefunde
- Original-Röntgenbilder, insbesondere über Herz und Lunge (nicht älter als ein halbes Jahr), über Gelenke und verschiedene Abschnitte der Wirbelsäule (nicht älter als zwei Jahre)
- Original-Ruhe-EKG, -Belastungs-EKG, -Langzeit-EKG (nicht älter als ein halbes Jahr)
- internistisch fachärztliche Befundberichte
- augenfachärztlicher Untersuchungsbefund
- HNO-fachärztlicher Untersuchungsbefund
- urologisch-fachärztlicher Untersuchungsbefund
- orthopädisch-fachärztlicher Untersuchungsbefund
- gynäkologisch-fachärztlicher (frauenärztlicher) Untersuchungsbefund
- neurologisch-psychiatrisch-fachärztlicher Untersuchungsbefund
- lungenfachärztlicher Untersuchungsbefund
- kardiologischer (Herz-)Untersuchungsbefund (Echo-Kardiographie)
- angiologischer (Gefäß-)Untersuchungsbefund
- chirurgischer Untersuchungsbefund
- Operationsberichte
- histologische Befunde in Zusammenhang mit Operationen bzw. Gewebeentnahmen (sog. Probeexcision) usw.

Praxis-Tipp:

Ein gesondert zum Rentenantrag ausgestelltes hausärztliches Attest beim Gutachter vorzulegen, sollte aus den bereits erörterten Gründen niemals versäumt werden.

Warum Sie Ihre Krankengeschichte zusammenstellen sollten

Als zweite Hausaufgabe ist die Zusammenstellung Ihrer Krankengeschichte zu empfehlen.

Bis jetzt wurde über die Tatsache des Vorliegens von Krankheiten bzw. Behinderungen gesprochen. Für Ihre Begutachtung ist jedoch genauso wichtig,

- wann und wie eine Krankheit aufgetreten ist,
- wann, von wem und wie die sog. Erstdiagnostik einer Krankheit durchgeführt wurde
- und welchen Verlauf die Erkrankung bisher zeigte.

Die chronologische Aufzählung dieser Ereignisse nennt man Krankheitsgeschichte oder Anamnese.

Es ist sicherlich auch für jeden Laien verständlich, dass es nicht gleichgültig ist, ob z. B. eine Hochdruck-Erkrankung, Zucker- oder Asthma-Erkrankung seit einem Monat oder bereits seit 20 Jahren besteht, da viele Krankheiten mit Komplikationen einhergehen, Folgeschädigungen nach sich ziehen oder Risiken verbergen, die bei der Einschätzung Ihrer beruflichen Belastbarkeit auf Dauer eine wesentliche Einschränkung bedeuten könnten.

Praxis-Tipp:

Es ist von großer Wichtigkeit, dass Sie bereits vor der gutachterlichen Untersuchung Ihre bisherigen Erkrankungen in zeitlicher Reihenfolge aufsetzen.

Eine nähere Befragung wird dann in der Praxis des Gutachters anhand dieser bereitgestellten Angaben erfolgen.

Die entsprechenden ärztlichen Erhebungen richten sich in der Praxis des Gutachters nach dem sog. Anamnese-Erhebungsblatt (siehe ab Seite 67). Es beginnt mit der Erfassung von Daten zur Familienanamnese, um mögliche erbliche Belastungen aufzudecken.

Die Familienanamnese ist noch dem Vorfeld Ihrer bisherigen Erkrankungen zuzuordnen.

Krankheiten mit evtl. erblichen Belastungen

- Diabetes mellitus (Zuckerkrankheit)
- Hypertonie (Bluthochdruck)
- Herzinfarkt
- Gehirninsult (Gehirnschlag)
- Fettstoffwechselstörung (Hypercholesterinämie, Hypertriglyzeridämie)
- Hyperurikämie (Gicht = Harnsäure-Stoffwechselstörung)
- Venenschwäche (Krampfadern, Venenthrombose, Embolie)
- Hypotone Kreislauflabilität (Kreislaufschwäche)
- Tumorerkrankungen
- Blutungsneigung
- Psychische Störungen
- Gendefekte

Bei den Angaben zur Familienanamnese denken Sie bitte an die Erkrankungen und evtl. Todesursachen der Eltern, Großeltern, aber auch an die Ihrer Geschwister.

Achtung: Die Informationen über Ihre Kinderkrankheiten sind für den Gutachter ebenfalls von Bedeutung, weil manche bleibende Schäden hinterlassen können, z. B. Keuchhusten: Neigung zu Asthma bronchiale; Diphtherie: Herzmuskelschädigungen; Rheumatisches Fieber: Herzklappenerkrankungen; Rachitis: Deformitäten am Skelettsystem usw.

Bei der Frage nach sogenannten „weiteren bisherigen Erkrankungen" handelt es sich um Erkrankungen im Jugendlichen- und Erwachsenenalter. Zu den Krankheitsereignissen sollte ergänzend noch vermerkt werden, ob

- die jeweilige Krankheit hausärztlich oder ambulant fachärztlich behandelt wurde,
- eine Krankenhausbehandlung mit intensiver Diagnostik (wie z. B. Bauchspiegelung, Herzkatheteruntersuchung) oder therapeutischen Eingriffen (wie z. B. Operationen, Röntgenbestrahlungstherapie), bzw. mit ausgefallenen Therapiemaßnahmen wie Cytostatika, Interferon usw. erfolgen musste,
- nach einer Krankenhausbehandlung ein Heilverfahren durchgeführt wurde (wie z. B. Anschlussheilverfahren nach Herzinfarkt),
- die Krankheit ohne oder mit bleibenden Folgeschäden abgeheilt ist (z. B. Herzinfarkt mit großer Narbe, operierter Bandscheibenvorfall mit Steife und Bewegungseinschränkung, Schlaganfall mit Lähmung usw.) oder sie chronisch weiterbestehen blieb (z. B. PCP – primär chronische Polyarthritis – nach Infektionserkrankung, Leberzirrhose nach Hepatitis).

Wenn eine chronische Erkrankung bei Ihnen vorliegt, sollten folgende Merkmale geprüft werden:

- beschwerdefreie Zeitperioden (z. B. saisonal wiederkehrende Bronchitis, Magengeschwür)
- ständig gleich bleibende Beschwerden (z. B. chronisch persistierende Hepatitis, Lähmung)
- allmähliche Verschlimmerung der Beschwerden (z. B. Diabetes mellitus, Raucherbeine)

- periodische Verschlimmerung der Beschwerden bei schubweise fortschreitender Krankheit wie z. B. PCP
- auf Umwelteinwirkungen rezidivierend auftretende Erkrankungen, z. B. allergischer Hautausschlag, Bronchialasthma
- Komplikationen bei chronischen Erkrankungen, z. B. bei Diabetes mellitus eine Sehverschlechterung, Gehbeschwerden, Gefühlsstörungen oder Gangränbildung
- Ist Ihre chronisch fortschreitende Erkrankung von einer ärztlichen Stelle als unheilbar erklärt worden?

Zur Erleichterung Ihrer Aufgabe schickt Ihnen der Gutachter gleichzeitig mit der Ladung zur gutachterlichen Untersuchung einen Vordruck zur Anamneseerhebung, welcher die wichtigsten Erkrankungen aufgelistet enthält. Sie haben lediglich diesen Vordruck sorgfältig zu lesen und die durchgemachten Krankheiten mit Datum und Kommentar zu versehen.

Die persönlichen Gesundheitsrisiken

In den vergangenen Jahren konnte man in den Medien erfahren, welche Bedeutung diesen Faktoren beizumessen ist. Als persönliche Gesundheitsrisiken einschließlich sogenannter Herzinfarkt- oder Schlaganfallrisiken gelten zum Beispiel:

- erbliche Belastung (Infarkt oder Hirnschlag in der Familie)
- erhöhte Blutfette wie Cholesterin und Triglyceride
- erhöhter Harnsäurespiegel (Gicht)
- erhöhter Blutzuckerspiegel (Diabetes mellitus)
- erhöhter Blutdruck (Hypertonie-Erkrankung)
- erhöhte Homocystein-Konzentration im Blut bzw. erschwerte Fließeigenschaften des Blutes (erhöhter Hämatokrit- bzw. Fibrinogenwert)

Auch Nikotin-, Alkohol-, Rauschgift- oder Medikamentenmissbrauch gefährden ebenso wie Bewegungsmangel Ihr Herz und Ihre Gesundheit.

Die gewohnheitsmäßige Einnahme von Schmerz-, Schlaf- oder Abführmitteln – um nur die verbreitesten Arzneieinnahmegewohnheiten zu erwähnen – schadet wesentlich mehr, als sie nützt.

Wichtig: Bei Checkup-Untersuchungen in einer Kassenpraxis kann jeder seine Herzinfarkt-Risiken ebenso wie die sonstigen persönlichen Gesundheitsrisiken erfahren, in Zusammenhang mit der Auskunft über das Ausmaß der Bedrohung für seine Gesundheit.

Vorhandene Allergien unbedingt angeben!

Zum Abschluss muss der Gutachter u. U. noch die Fragestellung aufwerfen, ob bei Ihnen Allergien (Überempfindlichkeiten) auftreten auf Medikamente, Lebensmittel, einzuatmende Stoffe oder chemische Stoffe zu Hause oder am Arbeitsplatz, die dafür bekannt sind, auf unserer Haut, Schleimhaut bzw. Bindehaut Reize zu verursachen.

Die Allergien können nicht nur lebensgefährlich sein und chronisch verlaufende Krankheiten verursachen, sondern verbieten auch die Anwendung bestimmter, evtl. dringend notwendiger Medikamente. Damit kann ein Heilungsprozess erschwert oder sogar vereitelt werden. Nachfolgend wird auf dem Gebiet der inneren Organe beispielhaft dargestellt, wie viele mögliche organische Erkrankungen in der Anamnese eine Berücksichtigung finden müssen:

ANAMNESE-ERHEBUNGSBLATT

NAME:	**Alter: ....** **Datum: ....**
Krankheiten in Ihrer Familie (bei Großeltern, Eltern, Geschwistern, usw.):	**Ihre Kinderkrankheiten**
Herzkrankheit, Herzinfarkt, Bluthochdruck, Krampfadern, Schlaganfall, Zuckerkrankheit, hohe Blutfette, Gicht, Bronchialasthma, Krebs, Kropf, Blutarmut, Bluter, Geisteskrankheit, Suchtkrankheit, Gendefekt (z. B. Mongolismus, usw.)	Diphtherie, Masern, Scharlach, Windpocken, Röteln, Gelbsucht, Keuchhusten, Kinderlähmung, Krämpfe, Nierenerkrankung, Halsangina, Mittelohrentzündung, Fieber mit Gelenkschwellung, Hirnhautentzündung, Unfälle

Ihre weiteren bisherigen Erkrankungen. (Bitte geben Sie an, **seit wann** Sie erkrankt sind; ob die Behandlung Ihrer genannten Krankheiten durch Hausarzt/Facharzt oder in Klinik/Sanatorium/Krankenhaus konservativ/operativ/strahlentherapeutisch erfolgte)?

Hals-, Mandel-, Kehlkopf-, **Nebenhöhlen**entzündung, saisonal oder häufig wiederkehrende Erkältungskrankheiten? Tumorerkrankung der Lunge, der Bronchien, des Kehlkopfes, des Gaumens? Zahnfleischschwund? **Lungen**entzündung, Lungenabszess, Lungenfibrose (Vermehrung des faserigen Anteils des Lungengewebes), Rippenfellentzündung, Staublunge, Lungentuberkulose, -metastasen, -embolie? **Bronchial**asthma, allergisch-spastische oder eitrige Bronchitis, Heuschnupfen? Letzte Röntgenuntersuchung des Brustkorbs, Spiegelung der Bronchien, Ergebnis von Allergietests? Lungenpunktion? Erkrankungen der **Brustdrüse:** Zysten/Fibrose/Brustkrebs?

Herzklappenfehler (angeboren oder infolge eines rheumatischen Fiebers?). Erfolgte eine Herzklappen-Operation? Herzmuskelentzündung? **Hochdruckkrankheit?** Herzrhythmusstörung? Kreislaufschwäche bei niederem Blutdruck, Kollapsneigung? Angina-Pectoris-Anfälle, **Herzinfarkt** mit Behandlung in Intensivstation, Ballondilatation, Bypass-Operation, Anschlussheilbehandlung, erneuter Infarkt; Infarktnachsorge? **Kardiomyopathie** (Herzmuskeldegeneration mit Verengung oder Erweiterung der Herz-Binnenräume)? Herzmuskelschwäche (Wasser in den Beinen, Kurzatmigkeit, Leistungsschwäche)? Letztes Belastungs-, Langzeit-EKG, Echokardiographie (Ultraschalluntersuchung des Herzens), Herzkatheter-, Thaliumscintigraphie-Untersuchung? **Raucherbeine** (Verschluss der Bein- oder Beckenarterien)? Aneurysma (Erweiterung einer Arterie)? Halsschlagaderverschluss? **Krampfadern,** Venenentzündung, Venenthrombose der Beine/Becken/Arme, offenes Bein, Veränderungen nach Venenthrombose? Arterielle Embolie (Gefäßverschluss durch verschlepptes Blutgerinsel)? **Gehirnschlag** mit bleibender Sprachstörung, Seitenlähmung re./li. Arm oder Bein? Hirnblutung? Migräne?

Speiseröhrenerkrankung: Entzündung, Geschwür, Geschwulst, Blutung, Ätzung, Divertikel (Ausstülpung)? **Magen**schleimhautentzündung, Magen-, Zwölffingerdarmgeschwür, Magenblutung? **Gallenblase**nentzündung, Gallensteine, Gelbsucht, Schrumpfgallenblase? **Leber**/Milzerkrankungen: Fettleber, Gelbsucht, Virushepatitis, Leberzirrhose? **Bauchspeicheldrüse**nentzündung? **Darm**infektion (z. B. Salmonellose, Ruhr), Dünn- und Dickdarmerkrankungen (Colitis ulzerosa, Morbus Crohn, Blutung, Polyp, Divertikel, Tumor? Leisten-, Nabel- oder Narbenbruch? Hämorrhoiden? Darmfistel- bzw. -abszessbildung? Darmschließmuskeldefekt (Inkontinenz)? Wurmkrankheit? Letzte Magen- oder Darmröntgenuntersuchung, -spiegelung, Gewebeentnahme: (wann und wo?)

Diabetes mellitus (Zuckerkrankheit), diabetischer Leber-, Nieren-, Gefäß-, Nerven-, Augenschaden? **Insulin**behandlung? Fettstoffwechselstörung? Gicht? Erkrankung der Nebennieren, Nebenschilddrüsen, Hypophyse (Hirnanhangsdrüse)? **Schilddrüsen**über- oder -unterfunktion, Kropf, Struma, heißer/kalter Knoten, Zyste?

Nieren-/Nierenbeckenentzündung, Nierenzyste, -steine, -tumor? Eingeschränkte Ausscheidungsfunktion der Nieren? **Harnblase**nerkrankung: Harnwegsinfekte, Papillom, Tumor, Inkontinenz? **Prostata**erkrankung, Potenzstörung, Geschlechtskrankheit? **Hoden**erkrankung? Erkrankung der **Eierstöcke**, der **Gebärmutter?** Letzte Vorsorgeuntersuchung?

Gelenkentzündung (Arthritis, PCP) **oder** degenerative rheumatische Erkrankungen, Arthrose(Deformierung) von Finger/Hand/Elle/Schulter/Hüft/Knie/Sprung-, Fußgelenk? **Wirbelsäule**nerkrankung im Hals-, Brust-, Lendenbereich. HWS-Schulter-Arm-Syndrom, Spannungskopfschmerzen, Ischias (Bandscheibenvorfall), Beinlängedifferenz? Skoliose (Seitenkrümmung), Kyphose (Buckel), Erkrankung mit spontanen **Knochen**brüchen, Osteoporose (Mangel an Knochengrundsubstanz), Knochenzyste, -tumoren, -metastasen? **Knorpel-, Sehnen- oder Muskelgewebe**erkrankung? Erkrankung des **Bindegewebe**s (Kollagenose)? Fibromyalgie? Weichteilrheumatismus? **Erkrankung des Blutes** (Blutarmut, Blutungsneigung, Blutergüsse, Eisenmangel, Leukämie, Polycytämie, Thrombopathie) und der blutbildenden Organe (Knochenmark, Milz), Erkrankung von Lymphenden?

Erkrankung der **Sinnesorgane: Haut**erkrankungen: z. B. Entzündung, Ekzem, Schuppenflechte, Allergie, Virus- (Lippenherpes, Gürtelrose) oder Pilzerkrankung, Tumoren, degenerative Veränderungen der Haut? Neurodermitis? **Ohr**erkrankung, **Gehör**minderung, Tinnitus (Ohrgeräusch)? Erkrankung des **Gleichgewichtsorgan**s? **Augen**erkrankungen, grauer/grüner Star, Entzündung, Netzhaut- oder Glaskörperblutung, Laserkoagulation? Sehschwäche?, Blindheit, Tumor? Erkrankungen des **Geschmack-** oder **Riechorgan**s?

Nerven: Lähmung, Krämpfe, Neuralgien, Tremor (Zittern), Entzündung der Nerven, der Hirnhaut, des Gehirngewebes, Tumorkrankheit? Empfindungsstörung (taubes Gefühl, Kribbeln, z. B. bei Zuckerkrankheit), Vegetative Labilität mit Störung verschiedener Organfunktionen? Cerebrales Anfallsleiden (Epilepsie)?

Psychische Erkrankungen: z. B. „Nervosität", psychische Erschöpfung, Depression (Willens-, Denk- und Antriebshemmung), Demenz (geistiger Verfall z. B. Alzheimer'sche Krankheit), Psychose (Geisteskrankheit), Verwirrtheit oder zwanghafte Zustände.

Operationen: (z. B. Mandel-, Blinddarm-, Gallenblasenentfernung? Schilddrüsen-, Bypass-, Hüftgelenk-, Venen-, Augenoperation? Operative Eingriffe wegen Verletzungen?). **Unfälle:** (Prellung, Knochenbrüche, Gelenkluxation, Schleudertrauma, Gehirnerschütterung, Bewusstlosigkeit, innere Blutungen, Milz-, Leberriss, Hirntrauma?)

Klinische Behandlungen: (wann, wo, weswegen?)

Nachsorgeuntersuchungen: (wo, weswegen, wann war die letzte Untersuchung?)

Heilverfahren: (wo, durch wen und weswegen?)

Allergien: Pollen, Staub, Lebensmittel (z. B. Erdbeeren, Tomaten, Mehl, Milch), Chemische Stoffe (z. B. Formaldehyd, Schwermetall), Medikamente (z. B. Jod, Penicillin).

Wichtig: Bei Unklarheiten sollten Sie unbedingt und ohne Scheu mit dem Arzt darüber sprechen.

Die somit protokollierte Krankheitsgeschichte wird im Text des Gutachtens festgehalten.

Wie Sie Ihre körperlichen Beschwerden richtig formulieren

Im Anschluss an die Anamnese werden Sie vom Gutachter über Ihre Beschwerden befragt. Bei einer hausärztlichen Konsultation stehen Ihre Beschwerden im Mittelpunkt, schließlich stellen sie den Grund dar, weswegen Sie Ihren Hausarzt aufsuchen.

Im Gegensatz dazu hat der Gutachter Ihre Beschwerden von einem anderen Gesichtspunkt her zu bewerten. Seine primäre Aufgabe ist es,

- Ihre Beschwerden mit den während der gutachterlichen Untersuchung festgestellten Behinderungen und Funktionseinschränkungen verschiedener Organsysteme in Beziehung zu setzen,
- um dadurch den Grad der Minderung der allgemeinen körperlichen Leistungsfähigkeit festzustellen.

Deshalb sollte es Sie nicht verwundern, wenn viele gezielte Fragen des Gutachters das Beschwerdeerhebungsgespräch leiten bzw. unterbrechen, d. h. Ihnen die freie Schilderung und Erzählung Ihrer Klagen nicht gänzlich und uneingeschränkt überlassen wird.

Das „Beschwerde-Erhebungsblatt" ordnet Ihre Gedanken

Ein Arzt kennt allzu gut die vielerlei Beschwerden-Erzählertypen. Der Leutselige oder der Zugeknöpfte, der Schnelle, der Depressive oder der Optimist usw., die ihre Beschwerden in unterschiedlicher, jedoch typischer Art und Weise vortragen.

Nur wenige Patienten bemühen sich, ihre Beschwerden wenigstens logisch zu ordnen oder gar der Denkweise des Arztes Rechnung zu tragen. Diese ärztliche Denkweise entspricht der systematischen Zuordnung der Beschwerden nach Organen oder Organsystemen, wie Sie dies aus dem „Beschwerde-Erhebungsblatt" des Gutachters (siehe ab Seite 72) ersehen können, das er Ihnen zur Erleichterung der Beschwerdeerhebung, ähnlich wie bei der Anamneseerhebung, zusenden wird.

Das Beschwerde-Erhebungsblatt dient als Grundlage für das gutachterliche Gespräch, das jedoch im Sinne der oben beschriebenen primären Aufgaben des Gutachters gestaltet wird.

Praxis-Tipp:

Selbstverständlich dürfen Sie bei diesem Gespräch vorerst das Schlimmste Ihrer Leiden vortragen. Sie sollten sich allerdings bemühen, alle Ihnen diesbezüglich aufgefallenen, vermutlich zusammenhängenden Anzeichen Ihrer Krankheit zu erwähnen.

Um die systematisch-analytische Denkweise des Arztes im Hinblick auf die Diagnosefindung plausibel zu machen, werden Bauchkolikbeschwerden im Folgenden eingehend analysiert.

Beispiel:

An einem Bauchkolikgeschehen lassen sich sehr gut die Umstände, die einen Arzt interessieren, demonstrieren:

- Unter welchen Umständen (Ort und Tageszeit) kam es zur Kolik?
- Häufigkeit des Auftretens der Kolik?
- Wann wurde vor den Schmerzen zuletzt gegessen?
- Wann wurde der Darm, die Blase zuletzt entleert?
- Wie lange hielt der Schmerz an?
- War er bohrend, krampfend?

- Ging die Kolik mit Fieber oder Erbrechen einher?
- War der Bauch seit längerer Zeit schon unruhig?
- Hatten Sie gleichzeitig Kreislaufstörungen usw.?

Alle diese Fragen beziehen sich direkt auf das Kolikgeschehen, also sollten hierzu – so weit wie möglich – alle Informationen mitgeteilt bzw. mit dem Arzt besprochen werden.

Achtung: Einem Hin- und Herspringen bei den Beschwerdeangaben kann der Arzt nur schwer folgen, da jede Beschwerde bzw. jedes Krankheitssymptom eine bestimmte Störung eines körperlichen Funktionsablaufes darstellt, die von ihm sofort gedanklich eingeordnet und interpretiert werden muss. Hinzu kommt noch die Schwierigkeit, dass ein Symptom nicht für die Deutung in eine Diagnoserichtung ausreicht.

Praxis-Tipp:

Es muss noch betont werden, dass die gutachterliche Meinungsbildung über Ihre Leistungsminderung davon unabhängig ist, ob Sie zum Zeitpunkt der Untersuchung unter sehr schlimmen oder weniger starken Beschwerden leiden.

Eine körperliche Leistungsminderung, z. B. nach einem ausgedehnten Herzinfarkt, ist mit Nachweis zu belegen – unabhängig davon, ob der Patient während der gutachterlichen Untersuchung über Angina pectoris klagt oder nicht.

BESCHWERDE-ERHEBUNGSBLATT

NAME: .... **Datum: ....**

Allgemeinbefinden: ständig/häufig/ab und zu schlecht/ausreichend/gut?
Körpergewicht: Seit Kg abgenommen/zugenommen?

Ist Ihr **Appetit** gut/mäßig/schlecht? Abneigung gegen Fleisch? Unverträglichkeit von Speisen? Durstgefühl: normal/übermäßig? Haben Sie Schmerzen, Schwellung, Geschwür/Geschwulst an der **Mund**schleimhaut/Zunge/Zahnfleisch? Zahnweh? Haben Sie Brechreiz, Übelkeit, Erbrechen un/abhängig von Essen oder nach Einnahme bestimmter Speisen? Schlucken ist un/gestört oder schmerzhaft? Speise bleibt in der **Speiseröhre** stecken? **Bauchschmerzen**/Krämpfe im Ober/Mittel/Unterbauch sofort oder später nach Einnahme einer Mahlzeit? **Sodbrennen** tagsüber/in der Nacht? Aufstoßen mit saurem/bitterem/neutralem Geschmack? Völlegefühl im Oberbauch? **Galle**nkoliken mit galligem Erbrechen, mit welcher Häufigkeit?

Ist Ihre **Verdauung** täglich, un/regelmäßig? Haben Sie **Durchfälle?** Wie oft am Tag? **Stuhlbeschaffenheit:** breiige/flüssige Stühle mit Blut/Schleim-Beimengung? Stuhlfarbe braun/weißgrau/schwarz? Haben Sie Verstopfung?

Stuhldrang ohne Stuhlabsetzung? Schmerzen bei Stuhlentleerung? **Hämorrhoiden**leiden mit Juckreiz, Schmerz und Blutung? Fissur oder Abszessbildung im Bereich des Darmausgangs? Darmvorfall? Ungenügende **Schließmuskelfunktion** des Darmes? Stuhl mit Wurmbefall? Schwellung/Schmerz in der **Leiste?** Leisten-, Hodensack-, Nabel- oder Narbenbruch mit Schmerzattacken?

Haben Sie Beschwerden beim **Urinlassen,** wie Brennen oder Schmerzen, Harndrang, Harnverhalt, Urinstrahl nachgelassen, Nachtröpfeln? Ist die Urinmenge auffällig viel/wenig, Urinfarbe gelblich/trüb/rötlich/braun? Geht Blut beim Urinlassen ab? Ungenügende Schließmuskelfunktion der Blase? Wie häufig müssen Sie in der Nacht Urin lassen? Haben Sie **Nieren**koliken, wie oft? Eitrige Absonderung aus der Harnröhre? Haben Sie Menstruationsstörungen, Postmenopausale Blutung? Haben Sie Schwellung/Schmerz/Geschwür im Bereich der **Hoden/Nebenhoden,** Potenzstörungen?

Haben Sie Beschwerden im Bereich der **Atmungs- und Brustorgane?** Ist die **Nase**natmung frei oder behindert? Kiefer-, Stirnhöhlenschmerz? Trieft die Nase? **Hals**schmerzen beim Schlucken, **Ohren-/Gesichts-/Kiefer**schmerzen? Schwindel im Liegen und bei Lagewechsel? Haben Sie **Atemnot-** bzw. Asthmaanfälle? Wodurch werden sie ausgelöst? Mit welcher Häufigkeit treten sie auf? Tagsüber, auch in der Nacht? Wie, mit welchem Medikament wird abgeholfen?

Haben Sie trockenen **Husten?** Husten mit gelblichem/grauem/blutigem/zähem Schleim manchmal oder häufig? Nur im Liegen (Nachtruhe ist gestört)? Brustschmerz beim tiefen Einatmen/Husten? Haben Sie **Fieber:** hoch/mäßig/wiederkehrend, Schweißausbrüche, Nachtschweiß?

Haben Sie **Knotenbildung** mit/ohne Schmerz in der Achselhöhle, in der Leiste, in der Brustdrüse? Haben Sie **Beklemmungsgefühl** hinter dem Brustbein/Engegefühl im Hals/**Schmerzen am Herzen** oder im li. Brustkorb mit **Ausstrahlung** zur li. Schulter/Arm/zur Magengrube/zum li. Kieferbereich/zum Rücken?

Mit welcher Häufigkeit treten die Schmerzattacken auf? Wie lange halten sie an? **Herzanfälle** tagsüber oder auch in der Nacht? Ist der Herzschmerz von Todesangst begleitet? Mit welchem Medikament wird dem Herzanfall abgeholfen? Auslösende Ursache des Herzanfalls? Haben Sie bereits **Herzrasen**-Anfälle/**Herzstolpern**/Aussetzen des Herzschlages: in Ruhe/unter Belastung verspürt? Ist die Atemluft beim ruhigen Sitzen knapp? Können Sie nur mit gestütztem Oberkörper liegen? Haben Sie Kurzatmigkeit bei körperlicher Belastung wie z. B. Treppensteigen von … Etagen? Schwellen Ihre Knöchel oder Unterschenkel an, bis zum Abend oder auch tagsüber, rechts oder linksseitig, beiderseits? Haben Sie erhöhten Blutdruck mit innerer Verspannung, Nervosität und Kopfschmerzen? Blutdrucklabilität? Haben Sie **Kreislauf**schwäche, Schwindelgefühl spontan oder bei Körperlagewechsel, Schwarzwerden/Flimmern vor den Augen, Kollapsneigung? Black-out? Haben Sie Krampfadern, Wadenkrämpfe, rasche Ermüdung in den Beinen, „offenes Bein"? Haben Sie pelziges Gefühl/Schwäche/Lähmung im Gesicht/Mundwinkel/Hände/Beine: re/li, Sprachstörung?

Leiden Sie an **Muskelkrämpfen,** Muskelschmerzen oder an Muskelkraft-Schwäche? Haben Sie **Gelenkschmerzen** mit/ohne Schwellung/Rötung/Bewegungseinschränkung in Fingern-/Hand-/Elle-/Schulter-/Hüft-/Knie-/Sprung-/Zehengelenken? Greifschwäche der Hände? Schmerzen über dem Großzehengrundgelenk? Gelenkdeformität?

Haben Sie **Wirbelsäule**nschmerzen über Nacken/Schulter/Rücken/Lenden/Kreuzbeinbereich, Hexenschuss, Ischias? Bekannte Wirbelsäulendeformität? Spannungskopfschmerzen von der Halswirbelsäule ausgehend? Treten diese Schmerzen spontan, bei Kälteeinwirkung, bei körperlicher Belastung auf? Haben Sie Morgensteifigkeit, Schienbeinschmerzen, Anlaufschmerzen oder allmählich zunehmende Beinschmerzen beim Gehen? Schmerzfreie Gehstrecke bei Raucherbein? Haben Sie Haltungsfehler, Gehbehinderung, Beinlängendifferenz? Sind Sie auf Gehhilfe/Begleitperson/Rollstuhl angewiesen?

Haben Sie **Seh**minderung, Einengung des Sehfeldes (Rohrsehen), grauer/grüner Star (Schmerzattacken?), Einäugigkeit?

Haben Sie **Hör**minderung, Ohrensausen, Ohrgeräusche? Hörminderung re/li? Gleichgewichtsstörung? Haben Sie Drehschwindel, in welcher Richtung?

Leiden Sie an **Schilddrüse**nerkrankung mit vermehrtem Schwitzen, Herzrasen, Schlaflosigkeit, erhöhter Körpertemperatur, Wärmeüberempfindlichkeit, Nervosität, Durchfällen?

Hautausschlag mit Rötung/Ekzem/Schuppung/Flecken/Bläschen/Geschwür/Geschwulstbildung oder mit Jucken/Brennen/Schmerzgefühl, Haarausfall?

Knotenbildung in der Haut.

Leiden Sie an **Migräne**-Kopfschmerzen re/li, mit einer Dauer von Std./Tagen, begleitet von Erbrechen, Lichtscheu?

Haben Sie **Nerven**schmerzen, Missempfindungen wie Kribbeln oder Jucken, Lähmungen? Zieht es Sie beim Gehen nach rechts oder nach links?

Psychische Störungen, depressive Verstimmung, Grübeln und Suizidgedanken? Haben Sie Ein-/Durchschlafstörungen, leichte Erregbarkeit, Vergesslichkeit, Kontaktarmut, Konzentrationsschwäche, Benommenheit, Leistungsabfall, psychische/körperliche Erschöpfung, Versagensgefühl, Krampfanfälle mit Ohnmacht? Mit welcher Häufigkeit und Dauer des Anfalls?

Welche **Medikamente** nehmen Sie gegenwärtig zur Linderung Ihrer Beschwerden ein?

Welche **sonstigen therapeutischen Maßnahmen** werden angewandt?

Die hiermit protokollierten Beschwerdeangaben werden ebenfalls im Text des Gutachtens festgehalten. Mit der Erhebung der Beschwerden ist die Vorbereitung eines ärztlichen Gutachtens abgeschlossen. Es kann jetzt die eingehende körperliche Untersuchung durchgeführt werden.

Achtung: Die Erhebungsbogen wurden jeweils beispielhaft gestaltet. Je nach medizinischem Fachgebiet oder Beruf des Antragstellers werden die Fragen unterschiedlich ausfallen.

Die körperliche Untersuchung: So verhalten Sie sich richtig!

6

Wie die Untersuchung abläuft

Die zu begutachtenden Patienten werden in der Regel zu den Praxisöffnungszeiten morgens nüchtern zur Untersuchung einbestellt.

In dieser Weise vorzugehen ist aus gutachterlicher Sicht notwendig, da häufig die erforderlichen ärztlichen Untersuchungsbefunde vom Antragsteller nicht vollständig vorgelegt werden können. Somit ergibt sich die Möglichkeit, fehlende Laboruntersuchungen nachzuholen oder zu ergänzen.

Bei der Ladung zur gutachterlichen Untersuchung wird bereits darauf hingewiesen, dass der Aufenthalt beim Gutachter unter Umständen mehrere Stunden in Anspruch nehmen kann. Da der Patient wegen der erwähnten Laboruntersuchungen nüchtern erscheinen muss, sollte er für sein leibliches Wohl vorsorgen. Pausen zwischen den Untersuchungen bieten genügend Zeit, um eine kleine mitgebrachte Mahlzeit einzunehmen. Dies ist insbesondere für Zuckerkranke wichtig!

1. Schritt: Ein orientierendes Gespräch

Dabei werden mit gezielten Fragen die Erhebungsbögen ergänzt und entschieden, ob die mitgebrachten Untersuchungsergebnisse und Diagnosen zur Klärung der Kräfte- und Leistungsminderung infolge Ihrer Krankheiten ausreichen oder ergänzt werden müssen.

Praxis-Tipp:

Jetzt zeigt sich, dass sich Mühe und Zeitaufwand zur sorgfältigen Vorbereitung Ihrer gutachterlichen Untersuchung lohnten, weil Ihnen dadurch ein mühsames Erarbeiten der notwendigen Erhebungen in der Praxis des Gutachters unter Zeitdruck und Stress erspart bleibt. Auch die Gesamtzeitdauer, die Sie beim Gutachter verbringen müssen, wird dadurch wesentlich verkürzt.

Nach diesem sehr wichtigen und zeitaufwendigen ersten Abschnitt der Begutachtung, welcher

- eine menschliche Begegnung mit Herstellung eines Arzt-Patienten-Vertrauensverhältnisses und
- die Erörterung der Begutachtungsproblematik mit allen anamnestischen Hintergrundinformationen

beinhaltet, folgt der nächste Abschnitt, die körperliche Untersuchung.

2. Schritt: Die körperliche Untersuchung

Die eingehende körperliche Untersuchung beim Gutachter unterscheidet sich von einer gewöhnlichen ärztlichen oder fachärztlichen Untersuchung bei Ihren behandelnden Ärzten durch Umfang und Zielsetzung:

- Besonders eingehend muss der Gutachter sich mit Organen bzw. Organsystemen befassen, deren Erkrankungen als Anlass für die Antragstellung auf Frührente benannt wurden.
- Mögliches Fortschreiten und Komplikationen dieser Erkrankungen, deren Anzeichen und Auswirkungen, müssen besonders mit in Betracht gezogen werden.
- Die Beurteilung der allgemeinen körperlichen und psychischen Leistungsfähigkeit bedarf eines umfassenden ärztlichen Urteils über den gesamten Organismus in der Weise, dass eine orientierende Untersuchung weiterer Organe ebenfalls durchgeführt werden muss.

Beispiel:

So wird bei einer internistischen Begutachtung wegen Herzinfarkts die Lungenfunktion ebenso wie die Bauchorgane, das Skelett- und Nervensystem, oder bei einem orthopädischen Gutachten nicht nur der Bewegungs- und Stützapparat, sondern auch das Gefäß- und Nervensystem – allerdings mit unterschiedlichem Schwerpunkt – untersucht.

Zusatz-Gutachten

Nicht selten kommt es vor, dass der Gutachter eines bestimmten Fachgebietes (z. B. Innere Medizin) leistungsmindernde Krankheiten außerhalb seines Faches feststellt und bei dem zuständigen Rentenversicherungsträger ein entsprechendes Zusatz-Gutachten, wie z. B. ein orthopädisch- oder neurologisch/psychiatrisch-fachärztliches Zusatz-Gutachten anregt.

Zielsetzung

Das Ziel einer gutachterlichen Untersuchung besteht darin, eingehend und umfassend die Funktionseinschränkungen im Bereich der erkrankten Organe bzw. Organsysteme des Antragstellers aufzuzeigen und Folgerungen daraus über eine Minderung der allgemeinen körperlichen Leistungsfähigkeit und insbesondere der beruflichen Einsatzfähigkeit abzuleiten.

Die gutachterliche Untersuchung – wie Sie sehen – weicht von der einer Untersuchung des Hausarztes oder behandelnden Facharztes gänzlich ab, da er die Diagnosefindung, d. h. die Feststellung einer Krankheit als Ursache von körperlichen oder psychischen Beschwerden, zur Aufgabe hat.

Die Zielsetzung der gutachterlichen Vorgehensweise macht es für den Gutachter zwingend, dass er trotz vorgelegter Diagnosen und diverser ärztlicher Befunde des Antragstellers eine eingehende körperliche Untersuchung durchführt.

3. Schritt: Dokumentation des Untersuchungsergebnisses

Wie der Ablauf einer eingehenden körperlichen Untersuchung im Bereich Innere Medizin bei der Begutachtung gestaltet wird, geht aus dem folgenden sog. Untersuchungsbogen hervor.

Sie als Antragsteller werden in die Lage versetzt, daraus zu entnehmen, dass der Gutachter bei seiner Untersuchung nicht nur diejenigen Organe oder Körperbereiche erfasst, die mit den in Ihrem Frührentenantrag oder vom Hausarzt deklarierten Angaben in Verbindung zu setzen sind, sondern den ganzen Menschen. Dementsprechend werden

- allgemeiner Zustand
- Alterung, Stressverbrauch
- Ernährungszustand
- körperliche Konstitution und Körperbau
- nervliche bzw. psychische Verfassung usw.

ebenso betrachtet und festgehalten wie vielfältige Störungen von Organfunktionen oder Organsystemen im Bereich der

- Kopf- und Sinnes- sowie Halsorgane
- Atmungs-, Herz- und Kreislauforgane
- Stoffwechsel-, Verdauungs- und Ausscheidungsorgane
- des Bewegungs- und Stützapparates
- blutbildenden Organe und des lymphatischen Systems
- des Nervensystems und der innersekretorischen Regulation.

Der Gutachter wird also seine Untersuchungen besonders vertieft und eingehend (im Bereich der erkrankten Organe) – ebenso, wie er dies bei der Anamneseerhebung und Beschwerdeanalyse getan hat – durchführen.

ÄRZTLICHER UNTERSUCHUNGSBOGEN

NAME: .... **Alter: .... Jahre** **Datum: ....**

Körpergewicht: **Körpergröße:** **Konstitution:** asthenisch/pyknisch/athletisch?

Äußerer klinischer Aspekt: altersentsprechend/vorgealtert/jünger aussehend?

AZ: gut/ausreichend/reduziert; **E/KZ:** mager/kräftig/adipös?

Haut: trocken/feucht/Behaarung? Pigmentierung? Nägel? Hautausschlag? Hautturgor?

Sichtbare **Schleimhäute** gut/mäßig durchblutet? Lippencyanose? **Körpertemp.**: Sub-/Febrilität?

KOPF- UND HALSORGANE	OB.

Augen: Exo/Enophtalmus? Skleren? Arcus lipoides? Cornea? Iris? Bindehaut?

Sehvermögen re./li./bds. altersgemäß/abgeschwächt und mit Nah/Fern/bifok. Brille korrigiert? Gesichtsfeld? Druckschmerz über Bulbus? **Hörvermögen** re./li./bds.

altersgemäß/abgeschwächt, mit Hörgerät korrigiert? Druckschmerz präaurikular/ über Proc.mastoideus? Äußerer Gehörgang?

Rachenring: reizlos/gerötet? Foetor ex ore? Tonsillen reizlos/vergrößert/zerklüftet? Z.n.TE; solitäre/multiple Eiterfollikel am Rachenbogen? Uvula mittelständig, Rachenbogen symmetrisch? Stimme klar/heiser? **Zunge:** feucht, nicht/weißlich/ bräunlich belegt; Papillen hyper/atrophisch? Geschmacksempfindung/Riechorgan intakt?

Gebiss: nicht/kaufähig; mit Voll/Teil – OK/UK – Prothese saniert/sanierungsbedürftig?

Zahnfleisch: Hypertrophie/Verfärbung? Parodontose?

NNH: nicht/klopfempfindlich, Nasenatmung frei/behindert?

Schilddrüse im Halsbereich nicht/tastbar – diffus/knotig re./li./bds. vergrößert, Schluckversch.? Substernale Struma? Strumektomie-Narbe? Schluckakt regelrecht? **HU: .... cm.**

Halsgefäße: A. carotis re./li. nicht/tastbar; Stenosegeräusch re./li., Einflussstauung?

Lykn: submand., occipit., supraclav., axillar und inguin. re./li./bds. nicht/dolent vergrößert?

ATMUNGSORGANE	OB.

Thorax sym. gebaut/deformiert, stgl. beatmet, Fass/Hühnerbrust, Pectus excavatum?

Lungengrenzen in normaler Höhe/hoch -/tiefgestellt, genügend/ungenügend re./ li.bds. verschieblich? **Klopfschall** re./li./bds hyper/hypo/sonor, vesiculäre/bronchoves. **AG's** oder feuchte feine/mittlere/grobblasige RG's, trockenes Giemen, Brummen, Pfeifen über ....?

Pleuritisreiben? **Ex/Inspiration:** nicht/verlängert? **BU bei ex/Inspir ..../......... cm.**

Mammae, Mamillae unauffällig? Z.n. Mastektomie re./li., Narbenverhältnisse?

HERZ UND GEFÄSSE	OB.

Herz perk. in Normbereich/nach li. ... QF verbreitert. Spitzenstoß in MCL/verlagert nach ...?

HT un/rein, un/regelmäßig? Abs. Arrhythmie? **Extrasystole** .../100HS?

Systolicum/Diastolicum in ... ICR/ ... QF re./li., über Ausflussbahn? Weitergeleitet?

RR im Liegen: ... im Stehen: ...?

Gefäßgeräusche über Ao. abdominalis, A. femoralis, A. Iliaca re./li./bds.?/A. renalis re./li./bds.?

A. poplitea, A. dors.pedis, A.tib.post.: re./li. gut/schwach/nicht tastbar?

Venae perfor. Dodd, Boyd, Cockett-Punkte re./li. nicht/druckdolent?

Postthrombotisches Syndrom (atroph. Pigmentdermat),
Periphere Oedeme US re./li./bds. über Knöchel/prätibial? Venenklappeninsuffizienz?
Bein-Umfangdifferenz am OS/US (wo gemessen?): .... cm.
Stamm-/Retikulär-/Besenreiser-Varizen: Lokalisation?
Florider/chronifizierter Ulcus cruris (offenes Bein) re./li./bds. Ulcusgröße?

BAUCHORGANE	OB.

Bauchdecken normal/muskulös/adipös, straff/gut eindrückbar? Striae, Venektasien? **BU:** ...?

Leber nicht/am/ ... QF unter dem RB nicht/dolent tastbar? **Milz**, nicht/tastbar?

Kein/mäßiger/starker **Druckschmerz** und/oder pathologische **Resistenz** im Epigastrium, re./li. Meso-/Hypogastrium mit/ohne Defanse? Meteorismus? OP-Narbe nach ... **Bruchpforten** geschlossen, direkte/indirekte Hernia inquinalis/femoralis/scrotalis re./li./bds.? **Nierenlager** frei/klopfschmerzhaft re./li./bds.?

Äußere Genitalien? Prostata digital über/kastaniengroß, weich/derb, dolent/indolent?

BEWEGUNGS- UND STÜTZAPPARAT	OB.

Haltung und Gang un/behindert? Gehhilfebedarf? Rippenbuckel, Z. n. Rachitis?

Re./li. konvexe BWS/LWS Torsions/**Skoliose/Kyphose,** Rund/Flachrücken; LWS-Hyper/Lordose; Hängeschulter re./li., Hängehüfte re./li.? **Beinlängendifferenz: re/li. ... cm? Klopfschmerz** wurde über HWS/BWS/LWS/Kreuzbein re./li./bds. angegeben? Spannungskopfschmerzen? **Muskeltonus?** Dolenz der Tenderpoints? Grobe Muskelkraft seiten/un/gleich nicht/abgeschwächt? Sehnenscheidenentzündung? **FFB ... cm. Schober ... cm?**

Opposition des Daumens un/vollständig, Faustschluss un/vollständig. Händedruck gemindert? Lassègue ...? Ischiaslager frei/dolent, re/li? Gichtarthrose der Großzehengrundgelenke?

	Finger-gel. re/li	**Elle** re/li	**Schulter** re/li	**Hüfte** re/li	**Knie** re/li	**Sprung-gel.** re/li	**Fuß-Zehen** re/li
Schwellung/Rötung							
Deformität/Krepit.							
Spontanschmerz							
Bewegungsschmerz							
Flexion/Extension							
Abduktion/Adduktion							
Innen-/Außenrotation							
Pronation/Supination							
Bänderlockerung/ Instab.							

```
NERVENSYSTEM; PSYCHE                                          OB.
```

Pupillen Iso/Anisokorie, reagieren prompt auf Licht und Konvergenz? **Gesichtsfeld** eingeengt? Myosis, Mydriasis? **Nystagmus** kein/re/li, in Endstellung/nach Provokation?

Sehnenreflexe stgl. auslösbar? Pathologische Reflexe (Babinsky) oder Reflexdifferenz?

Fingertremor kein/fein/mittel/grobwellig, Kopftremor? Tick? **Parästhesien** im Bereich ... PNP? Romberg negativ/schwankend.

Stimmung ausgeglichen? Benehmen situationsgerecht? **Bewusstseinslage** klar? Sprachartikulation ungestört? **Orientierung** adäquat? Wahrnehmung, formales und inhaltliches Denken normal? Antrieb ruhig/gehemmt, erregt? Koordinationsstörung?

Erinnerungsfähigkeit, Merkfähigkeit, Kritikfähigkeit normal/eingeschränkt?

Achtung: Der Erhebungsbogen wurde beispielhaft gestaltet. Je nach medizinischem Fachgebiet oder Beruf des Antragstellers werden die Fragen unterschiedlich ausfallen.

Die im Untersuchungsprotokoll erfassten Feststellungen werden in allen Einzelheiten in das Gutachten aufgenommen.

Hinsichtlich der eingehenden körperlichen Untersuchung sowie der Gerätediagnostik des Gutachters muss nochmals auf die Mitwirkungspflicht des Antragstellers hingewiesen werden.

Welche diagnostischen Untersuchungen noch folgen können

Nach der eingehenden körperlichen Untersuchung werden ergänzende diagnostische Untersuchungen – soweit solche zur Aktualisierung älterer Befunde bzw. neuer diagnostischer Aspekte notwendig sind – folgen.

Eine ergänzende Diagnostik ist insbesondere dann erforderlich, wenn im Rahmen der kassenärztlichen Versorgung wesentliche Funktionseinschränkungen ungenügend abgeklärt wurden.

Was bedeutet „ungenügende diagnostische Abklärung wesentlicher Funktionseinschränkungen“? Die aktuell gültigen, allgemein anerkannten Lehrmeinungen medizinischer Kliniken unterschiedlicher Fachrichtungen sind für den jeweiligen Gutachter maßgebend. Diese Lehrmeinungen werden auch in die Fachbücher zur ärztlichen Gutachtertätigkeit übernommen. Für den Gutachter ergibt sich daraus wesentlich mehr als für den Hausarzt die Verpflichtung, sich danach zu richten.

So muss z. B. bei einer Lebererkrankung die Entscheidung zur Frage der Berufs- oder Erwerbsfähigkeit nach dem histologischen Befund des Leberpunktates bzw. nach dem Ammoniakspiegel im Blut getroffen werden, ebenso wie Folgeschädigungen nach Herzinfarkt nach dem Ergebnis eines Belastungs-EKG's, einer Echokardiographie, Thaliumscintigraphie oder Herzkatheteruntersuchung.

Das Vorgehen des Gutachters richtet sich also nach den oben genannten Gesichtspunkten, d. h.

- ist die diagnostische Abklärung unter Berücksichtigung der als obligatorisch geltenden Untersuchungen bezüglich der vorliegenden Erkrankungen ausreichend, so sind keine ergänzenden Untersuchungen erforderlich,
- sind die vorgelegten Befunde jedoch unzureichend, muss eine ergänzende Diagnostik erbracht werden und zwar
  - in der Praxis oder am Ort (Krankenhaus, Institut, Ordination) der Tätigkeit des Gutachters,
  - durch gutachterliche Überweisung zu einem Spezialisten,
  - in besonders problematischen Fällen durch stationäre Einweisung.

Häufig kann eine Rücksprache des Gutachters mit dem Hausarzt oder dem behandelnden Facharzt weiterhelfen. Eine sog. Suchdiagnostik im Rahmen des Gutachten-Verfahrens zu führen, ist nicht nur unwirtschaftlich, sondern auch fehl am Platze, da es Aufgabe des Hausarztes ist, eine solche zu Lasten der Krankenversicherung zu führen.

Dem Gutachter steht es frei, die Wiederholung einer oder mehrerer, bzw. das Ansetzen von weiteren Untersuchungen zur Ergänzung der vom Antragsteller vorgelegten Befunde zu veranlassen.

Selbstverständlich leiten ihn dabei folgende wichtige Kriterien wie

- die Zumutbarkeit solcher Untersuchungen für den Patienten,
- die Verhältnismäßigkeit und Wirtschaftlichkeit des Aufwandes in Bezug zur diagnostischen Aussage,
- die wissenschaftliche Gründlichkeit und das Recht des Antragstellers, seine Leiden als Frührentenargument geltend zu machen.

Wenn eine ergänzende Gerätediagnostik für die gutachterliche Aussage erforderlich erscheint, sollte sie möglichst nicht unterbleiben,

- weder durch Verweigerung des Antragstellers wegen falsch verstandener oder übersteigerter Risikofurcht (die ärztliche Aufklärungspflicht über die Risiken einer Untersuchung gilt für den Gutachter ebenso wie für andere Ärzte)
- noch durch falsch angesetzte Wirtschaftlichkeitsnormen von Seiten des Kassenarztes (Vertragsarztes) bzw. Gutachters.

Durch Verweigerung oder falsches Einsparen notwendiger Gerätediagnostik kann es beim gutachterlichen Verfahren unter Umständen zur Erschwernis oder Vereitelung der Beweisführung kommen.

Der Gutachter stiehlt sich aus der Verantwortung, wenn er seine Aussage „spartypisch", etwa so, formulieren muss: „... die zur Verfügung stehenden Untersuchungsergebnisse weisen auf das mögliche Vorhandensein dieser oder jener Erkrankungen hin, die als Ursache für die festgestellten Funktionseinschränkungen angesehen werden könnten."

Eine präzise und klare Aussageformulierung müsste lauten: „... die Untersuchungsergebnisse werden nach der gültigen Lehrmeinung der klinischen Medizin als Nachweis für das Vorliegen von diesen oder jenen Erkrankungen als Ursache für die festgestellten Funktionsstörungen erachtet."

Zu Recht wird in letzter Zeit über die Frage der Qualitätssicherung im Gutachterwesen gesprochen. Eine solche Maßnahme würde wohl den individuellen Spielraum der gutachterlichen Entscheidungen einengen, jedoch der Vergleichbarkeit und Gerechtigkeit dienen und nicht zuletzt für den Gutachter eine Herausforderung bedeuten und damit sein berufliches Engagement steigern (DRV, Juni 2000).

Das schiefe Bild der Gerätemedizin in den Massenmedien

Die Auswahl einzelner gerätediagnostischer Methoden zur Abklärung bestimmter Krankheiten basiert auf den Forschungsergebnissen und klinischen Erfahrungen durch die medizinische Lehrmeinung.

Der diagnostisch tätige Arzt bestimmt also sein Vorgehen hinsichtlich der Anwendung von Geräten nicht willkürlich, d. h.

- die Leberstruktur wird heute immer mit der Sonographie, die Magenschleimhaut mit dem Gastroskop,
- ein vergrößertes Herz mit der Röntgen-Brustaufnahme,
- eine AIDS-Infektion mit Labordiagnostik,
- ein Herzklappenfehler mit Echokardiographie,
- ein Knochenbruch mit Röntgendarstellung des betreffenden Knochens

untersucht. Die aufgeführten Beispiele zeigen, dass die jeweiligen diagnostischen Untersuchungsmethoden ganz gezielt nur zum Zwecke der Abklärung jener Krankheiten oder Fragestellungen eingesetzt werden, wofür sie auch konstruiert wurden.

Völlig unsinnig ist die laienhafte Annahme, dass Geräteuntersuchungen, wie z. B. eine EKG-Untersuchung, vom Arzt scheinbar sinnlos bei allen möglichen Krankheiten, nur um Geld zu verdienen, durchgeführt wird. Der Realität entspricht die Tatsache, dass Herz und Kreislauf bei sehr vielen Krankheiten in Mitleidenschaft gezogen werden und der Arzt sich immer wieder vergewissern muss, ob so wichtige vitale Funktionen wie die Herztätigkeit beeinträchtigt sind oder nicht.

Die Berufsunfähigkeit eines Postboten nach Beinamputation gutachterlich festzustellen ist sicherlich ohne Anwendung von Diagnostikgeräten mit bloßem Auge möglich.

Wenn er aber wegen Schmerzen in den Beinen nicht gehen und seinen Beruf somit nicht mehr ausüben kann, liegt evtl. eine arterielle Verschlusskrankheit bzw. ein Raucherbein vor. Diese Diagnose bedarf einer dopplersonographischen Untersuchung, da der Arzt mit bloßem Auge oder mit seinen Sinnesorganen diese Krankheit erst dann diagnostizieren kann, wenn das Bein bereits schwere Schädigungen infolge mangelnder Blutversorgung aufweist.

Die Anwendung, insbesondere die Weiterentwicklung von modernen hochwertigen medizinischen Geräten ist kostspielig, aber sie bringt eine Steigerung der diagnostischen Treffsicherheit bei gleichzeitiger Abnahme der körperlichen und psychischen Belastung der Patienten durch die Untersuchung selbst.

Die Sinnesorgane des alten erfahrenen „Hausdoktors" als alleiniges diagnostisches „Instrument", – obwohl für die Krankenkasse sehr preisgünstig – sind nicht mehr akzeptabel, da das Ergebnis im Gegensatz zu den computergesteuerten elektronischen Diagnostikgeräten nicht exakt messbar, dokumentierbar und reproduzierbar ist.

Medizinische Diagnostik-Geräte zum Zweck der Abklärung von Krankheiten

Um Ihnen als Antragsteller die Mitwirkung bei diversen diagnostischen Untersuchungen zu erleichtern, werden Zweck und Anwendung von häufig vorkommenden medizinischen Geräten, wie sie in jeder Arztpraxis verwendet werden, erörtert. Danach folgt die Beschreibung von komplizierteren medizinischen Geräten, die in Facharztpraxen, bei Spezialisten bzw. in Krankenhäusern Anwendung finden.

Grundsätzlich sollte zwischen diagnostischen und therapeutischen Geräten unterschieden werden.

Die medizinischen Diagnostikgeräte ergänzen die ärztliche körperliche Untersuchung. Sie dienen der Erfassung von Messwerten und der bildlichen bzw. graphischen Registrierung von Körperstrukturen und Körperfunktionen, normale und krankhafte Zustände inbegriffen.

Kompliziertere diagnostische Geräte werden überwiegend vom besonders qualifizierten Arzt, Facharzt oder sog. Spezialisten angewandt um genauere Daten zu gewinnen. Gerade gegenüber solchen Geräten entwickeln die Patienten häufig ein Misstrauen, insbesondere dann, wenn sie Sinn und Zweck der Anwendung und die damit verbundenen Risiken vom Arzt nicht klar genug erörtert bekommen.

Kompliziert und abschreckend sehen diese Geräte deshalb aus, weil sie häufig aus mehreren Bestandteilen aufgebaut sind, wie

- der Untersuchungsmittel generierende Teil (Röntgenstrahl, Ultraschall usw.)
- der untersuchungsinstrumentelle Teil, z. B. Röntgenstativ, Ultraschallapplikator
- das Steuerungsteil, z. B. Röntgenpult
- der Ergebnisregistrierungsteil, ausgestattet mit Computer oder Bildaufnahmegeräte (Fernsehkette, Dunkelkammer).

Die genannten Geräte dienen der Ergänzung einer körperlichen Untersuchung durch den Arzt. Sie kommen entweder am Patienten zur Anwendung oder werden in den Körper eingeführt um gröbere oder feinere Details von Organen, Organstrukturen oder Organfunktionen zu beobachten, zu messen oder zu registrieren.

Andere Geräte werden zur Entnahme von Körpermaterialien (Knochenmark, Liquor, Gewebe, Schleim, Ergüsse usw.) verwendet, um sie dann in medizinischen Laboratorien untersuchen zu lassen.

Die Röntgendiagnostik

Die Anwendung von Röntgenstrahlen dient zur Darstellung des Skelettsystems, schattengebender Weichteilorgane, Kontrastmitteldarstellung von Hohlorganen, Blutgefäßen, Körperhöhlen und Gängen, Lymphgefäßen sowie röntgenstrahlabsorbierenden Fremdkörperschatten.

Die Röntgenstrahlen selbst sind elektromagnetische Wellen (Gammastrahlen), die die Eigenschaften eines Lichtstrahles besitzen. Sie durchdringen Stoffe ebenso wie den menschlichen Körper. Dabei werden sie je nach Beschaffenheit bzw. Bestandteil des untersuchten Gegenstandes unterschiedlich abgeschwächt (absorbiert). Deshalb können z. B. Knochen von Weichteilen im Körper unterschieden werden. Aus dem gleichen Grund ist es erforderlich, Weichteilhohlorgane wie Magen oder Gallenblase zur Röntgenuntersuchung mit Röntgenkontrastmittel zu füllen.

Man unterscheidet zwischen diagnostischer und therapeutischer Anwendung von Röntgenstrahlen. Bei der Röntgendiagnostik führt man eine Durchleuchtung durch und fertigt Röntgenaufnahmen an.

Bei der Röntgendurchleuchtung kann der Arzt – im Gegensatz zu einer Aufnahme – Organbewegungen (Zwerchfell) beobachten, außerdem den Patienten hinter dem Bildschirm bewegen, um krankhafte Röntgenschatten räumlich darstellen zu können.

Aufnahmen halten das Bild einer krankhaften Veränderung bis zum feinsten Detail zweidimensional fest.

Räumliche Darstellung erlauben noch die Schichtaufnahmen ohne oder mit Konstrastmittelanwendung. Deshalb wurde diese Untersuchungstechnik weiterentwickelt und mit Computersteuerung für Untersuchungsverlauf und Bilddokumentation ausgestattet (CT).

Röntgendiagnostische Untersuchungen können fast in allen Organbereichen des Körpers dem Arzt wertvolle Auskunft über krankhafte Veränderungen vermitteln. Aus der Notfalldiagnostik sind die Röntgenuntersuchungen z. B. gar nicht wegzudenken.

Der von Patienten gefürchtete und von der Laienpresse verteufelte Nachteil der Röntgenuntersuchungen ist der Röntgenstrahl selbst (die Strahlenbelastung), obwohl er auch therapeutisch verwendet wird, und zwar nicht nur gegen bösartige Tumore, sondern auch zur Linderung erheblicher Gelenkschmerzen, die auf Medikamente nicht mehr reagieren.

- Worin besteht der erwähnte Nachteil einer Röntgenuntersuchung und wie lässt er sich vermeiden?
- Wie häufig kann ein chronisch schwer kranker Patient röntgenologischen Verlaufskontrollen unterzogen werden?
- Wie oft darf eine Röntgendiagnostik binnen eines Jahres durchgeführt werden?

Diese Fragen hört man von Patienten in der Praxis immer wieder. Sie sind berechtigt und müssen vom Arzt beantwortet werden, zumal er im Rahmen seiner Aufklärungspflicht dazu gesetzlich angehalten ist.

Die Anwendung von diagnostischen oder therapeutischen Röntgenstrahlen ist gesetzlich sehr genau geregelt, ebenso wie die Höhe der anzuwendenden Röntgendosis. Dementsprechend

- werden alle sowohl in den Arztpraxen als auch in Krankenhäusern aufgestellten Röntgengeräte vom TÜV untersucht und in regelmäßigen Zeitabständen überprüft,
- wird die untere Grenze der heute angewandten diagnostischen Röntgendosis technisch auf das äußerste Minimum von 0,12 Millisekunden gedrückt,
- wird die diagnostische Effektivität dieser Minimal-Röntgendosis durch zahlreiche Hilfsmaßnahmen, wie Fernsehkette, Computersteuerung, Film und Folienwahl, gesichert,
- werden arbeitstägliche und monatliche Kontrollen der Bild- und Entwicklerqualität eingeführt,
- werden besondere Strahlenschutzmaßnahmen angewandt.

Wichtig: Durch diese zahlreichen Maßnahmen sind Sie als Patient von den schädlichen „Nebenwirkungen" der diagnostischen Röntgenstrahlen weitgehend geschützt.

Zur Klarheit über Strahlenbelastungen des einzelnen Menschen aus der Umwelt, dem Weltall und durch Röntgendiagnostik soll die folgende tabellarische Zusammenstellung verhelfen.

Strahlenbelastung		
Kosmische Strahlung/	Hamburg:	0,3 mSv/Jahr
	München:	0,4
	Oberstdorf:	0,5
	Feldberg:	0,6
	Zugspitze:	1,2
	10.000 m Höhe:	10,0
Kosmische Strahlung im Raum Heidelberg:		0,3–0,5 mSv/Jahr
Natürliche radioaktive Stoffe		0,3–1,8 mSv/Jahr

Röntgenaufnahmen	Isotopenuntersuchungen	Strahlenbelastung
Brustkorb	Lungenventilation	< 0,1 mSv
Brustwirbelsäule Schädel	Nieren Schilddrüse Lungenperfusion	0,1–1,0 mSv
Nierenausscheidung Magen-Darm-Passage Lendenwirbelsäule Bauchhöhle Becken Weibliche Brust	Skelett Gehirn Herzmuskel Knochenmark Leukoscan	2,5 mSv
Gefäßuntersuchungen	Tumor Jod-131	>10 mSv

Nuklearmedizinische Untersuchungen

Ein Spezialgebiet der Radiologie ist die Nuklearmedizin. Sie beschäftigt sich mit der Isotopendarstellung von Organen.

Ein Isotop, z. B. ein radioaktiv markiertes Jod, das bei der Schilddrüsenszintigraphie verwendet wird, besitzt die gleichen chemischen bzw. Stoffwechseleigenschaften wie das Jodelement selbst, mit dem Unterschied, dass durch die Markierung sein Weg und sein Verhalten im Körper verfolgt werden kann. Diese Eigenschaft der Markierbarkeit eines Elements eröffnet wichtige diagnostische Möglichkeiten.

Endoskopische Untersuchungen

Spiegelungen dienen der Betrachtung der Körperhöhlen von innen, um krankhafte Veränderungen zu suchen und direkt in Augenschein zu nehmen, Funktionen zu beobachten, Gewebeproben unter Augenkontrolle zu entnehmen, Blutungsquellen aufzudecken und zu versorgen, Fremdkörper zu entfernen, kleinere Operationen durchzuführen usw.

Das zur Untersuchung dienende Instrument besteht meistens aus einem flexiblen Fiberglasrohr, das die Eigenschaft besitzt, Licht bzw. Bilder trotz Biegen unverfälscht weiterzuleiten. Sein großer Vorteil gegenüber früheren starren Endoskopen liegt darin, dass es den Drehungen und Wendungen der zu untersuchenden Gänge folgen kann. Das Untersuchungsrohr ermöglicht die Einführung von Luft um den zu betrachtenden Raum zu dehnen, die Einspritzung von Flüssigkeiten zur Spülung und die Einführung von Instrumenten zur Gewebeentnahme oder zu einem operativen Eingriff.

Im Einzelnen kommen folgende Spiegelungen (endoskopische Untersuchungen) in der diagnostischen Abklärung von Krankheiten häufig vor:

Die Spiegelung der Luftröhre und der Hauptbronchien (Bronchoskopie), der Speiseröhre (Oesophagoskopie), des Magens und des Zwölffingerdarmes (Gastroskopie, Duodenoskopie), des Dickdarmes (Coloskopie), verschiedene Abschnitte des Enddarmes (Proktoskopie, Rektoskopie, Sigmoidoskopie), der Bauchhöhle (Laparoskopie), der Scheide und des Gebärmuttermundes (Kolposkopie), des Lungenzwischenraumes (Mediastinoskopie), eines Gelenkinnenraumes (Arthroskopie).

Sonographische Untersuchungen

Die Ultraschalluntersuchungen dienen zur Untersuchung von kompakten parenchymatösen Organen, Hohlorganen bzw. Weichteilstrukturen in verschiedensten Körperregionen.

Die Technik der Untersuchung besteht darin, dass vom Untersuchungsgerät ausgesandte Ultraschallwellen von unterschiedlich dicht gebildeten Gewebestrukturen, sog. Grenzflächen, jeweils unterschiedlich zurückgeworfen werden. Diese reflektierten und in einem Bildschirm eingefangenen Ultraschallwellen geben die Struktur von Organen wieder.

Die Ultraschalldiagnostik ermöglicht, diffuse (z. B. Leberzirrhose) und umschriebene (z. B. Tumore) Organstrukturveränderungen, Organdislokalisationen, Größe und Formveränderungen an Organen festzustellen.

Die klassische Anwendung der Sonographie zum raschen, sogar notfallmäßigen Nachweis von Nieren- und Gallensteinen oder die sonographische Schwangerschaftsuntersuchung dürfte inzwischen jedermann bekannt sein.

Diagnostik durch Ableitung körpereigener elektrischer Ströme, Töne oder Schwingungen

Die Ableitung körpereigener elektrischer Ströme ist als EKG-Untersuchung allgemein bekannt. Das gewöhnliche, in Ruhe abgeleitete EKG gibt Auskunft über Herzrhythmus und Eigenschaft des einzelnen Herzschlages, es lässt auf die Blutversorgung einzelner Herzmuskelbezirke durch die Kranzgefäße folgern; somit ist seine Bedeutung als Untersuchungsmethode erheblich.

Das Belastungs-EKG wird unter streng definierter und reproduzierbarer körperlicher Belastung abgeleitet, um eine Herzmuskelschwäche oder damit verbundene koronare Minderdurchblutung bzw. Herzrhythmusstörungen zu entdecken, die unter körperlicher Anstrengung schlimmer werden oder nur bei Belastung, in Ruhe jedoch nicht auftreten.

Die zumutbare Belastbarkeit auf dem Fahrradergometer des Arztes – ähnlich gebaut wie Ihr Heimtrainer zu Hause – wird nach Alter, Größe und Gewicht berechnet und der Belastungsgrad stufenweise gesteigert. Herzschlag, Blutdruck, evtl. Sauerstoffgehalt in den Kapillargefäßen, Laktatmenge im Blut werden fortlaufend registriert.

Bei der gutachterlichen Untersuchung wird die zumutbare Belastung und nicht eine diagnostische Ausbelastung wie in den cardiologischen Kliniken getestet. Somit ist das Risiko einer schweren Rhythmusstörung am Herzen durch eine übermäßige Leistungsanforderung minimal.

Wegen möglicher Komplikationen ist die Bereitstellung eines Defibrillators gesetzlich vorgeschrieben und die Einhaltung von strengen Richtlinien erforderlich.

Wenn in der Krankengeschichte über Herzrhythmusstörungen berichtet wurde, ist ein Langzeit-EKG das diagnostische Mittel der Wahl. Ein kleiner EKG-Speicher in der Größe einer Brieftasche, am Gürtel befestigt, registriert jeden Herzschlag über 24 Stunden, während der Patient seiner Arbeit und Freizeitbeschäftigungen nachgeht, Mahlzeiten einnimmt, unterschiedlich gestresst wird oder schläft.

Geräte zur Untersuchung der Atemfunktion

Patienten, die wegen Lungenerkrankungen einen Antrag auf Frührente stellen, ist nachzuweisen, mit welchem Schweregrad die Atemfunktion eingeschränkt ist.

Sie wird, wie dies die Asthmakranken so gut kennen, mit der Spirographie, dem Peak-Flow-Messgerät, der Oxymetrie, der Bodyplethismographie und der Blutgasanalyse in Ruhe und unter körperlicher Belastung gemessen.

Medizinische Laboruntersuchungen

Die sog. Laboruntersuchungen nehmen einen sehr wichtigen Platz in der Diagnostik von Krankheiten ein. Sie werden von Ärzten aller Fachgebiete in Anspruch genommen.

Hauptgegenstand der Labordiagnostik ist das Blut. Blutadern gelten als Transportwege im Körper. Dementsprechend enthält das Blut die sehr wichtigen Blutzellen und Blutplättchen, außerdem Nährstoffe,

Abfallstoffe und regulative Substanzen zur Steuerung von Stoffwechsel, Organfunktionen und nicht zuletzt Krankheitserreger im Krankheitsfall und Abwehrstoffe.

Die einfachsten Laboruntersuchungen, wie Bestimmung der Blutsenkungsgeschwindigkeit oder Betrachtung des Blutbildes, sind nahezu hundert Jahre alt und allgemein bekannt. Darüber hinaus können zahlreiche spezifische Laboruntersuchungen im Blut durchgeführt werden, wie z. B. Prüfung aller zellulären Bestandteile, Fließeigenschaften und Gerinnungseigenschaften des Blutes.

Die Bestimmung der Konzentration von zahlreichen Enzymen, Fermenten, Mineralien, Eiweißstoffen, Hormonen, Vitaminen, Körperabbaustoffen aber auch von Giftsubstanzen sowie Medikamenten ermöglicht es, sich über die Funktionsfähigkeit bzw. Erkrankung der inneren Organe und Organsysteme ein Bild zu verschaffen bzw. Behandlungen unter kontrollierten Bedingungen durchführen zu können.

Der Nachweis von Bakterien, Viren, sonstigen Erregern sowie der Abwehrstoffe gegen die verschiedenen Erreger in Körperflüssigkeiten oder -zellen ist die Grundlage der Bekämpfung von infektiösen Krankheiten und vor allem von Epidemien.

Bei dieser riesigen Anzahl von Blutuntersuchungen muss ein Gutachter immer staunen über die laienhafte Unkenntnis der meisten Patienten bezüglich konkret veranlasster Blutuntersuchungen eines behandelnden Arztes oder des Hausarztes bei gelegentlich vorgenommener Blutentnahme.

Die Labordiagnostik besteht bei weitem nicht nur aus Blutuntersuchungen. Es werden noch andere Körperflüssigkeiten, Ausscheidungsprodukte oder Körperbestandteile untersucht, wie

Harn	Stuhl	Speichel
Hirnwasser	Verdauungssäfte	Gallenflüssigkeit
Sperma	Haare	Knochenmarkzellen
Tränenflüssigkeit	Nägel	Sputum
Zysteninhalt	Wundbelag	Abszessinhalt
Hautschuppung	Schleimhautbelag	usw.,

weiterhin Körpermaterialien, die bei Operationen oder diagnostischen Punktionen bzw. bei endoskopischen Untersuchungen gewonnen werden, wie Probeexzidat, Punktat, chirurgisch entfernte Organe oder Organteile, Krankheitserreger usw., und zwar in verschiedenen Abteilungen eines ärztlichen Laboratoriums, im Enzymlabor, Gerinnungslabor, in der Zytologie, Histologie, Bakteriologie, Virologie, Parasitologie und in der Hämatologie.

Durch Spargesundheitsregelungen wurden bei den Vertragsärzten in der Praxis unverständlicherweise die Blutuntersuchungen erheblich eingeschränkt, obwohl sie von der Belastung des Patienten, dem Geräteaufwand des Arztes oder von den Kosten der einzelnen Proben her fast am günstigsten gegenüber anderen Diagnostikverfahren liegen. Diese Tatsache wirkt sich nachteilig für die Gutachterarbeit aus.

Viele der Untersuchungsmaterialien, wie Urin, Stuhl, Sputum usw., werden von den Patienten auf Aufforderung abgegeben; andere müssen entnommen werden. Die Entnahme von Untersuchungsmaterialien ist mit jeweils unterschiedlichen Risiken verbunden. Selbst eine einfache Blutabnahme aus der Armvene kann bei ca. 10 Prozent der Patienten je nach Können oder Erfahrung des Arztes schwierig werden. Dafür sprechen die hässlich aussehenden, jedoch harmlosen Blutergüsse an der Blutentnahmestelle.

Internistische Organpunktionen, wie Schilddrüse-, Leber-, Nieren- und Knochenmarkpunktionen, bedürfen einer genauen Aufklärung der Patienten über die Risiken genauso wie die Operationen. Dem Diagnostiker bleibt eine strenge Nutzen-/Risiken-Abwägung nicht erspart.

Weitere Untersuchungen

Die beschriebenen zahlreichen Untersuchungsmethoden (z. B. Röntgen, Sonographie, Labor) gelten zum Teil als Basisdiagnostik.

Sie dienen nicht nur zur Prüfung von wichtigen vitalen und diversen elementaren Organfunktionen, sondern finden auch sowohl im Bereich der Inneren Medizin als auch in vielen anderen Facharztgebieten Anwendung.

Außer solchen Untersuchungen werden bekannterweise zahlreiche Spezialdiagnostiken in verschiedenen Fachgebieten der Medizin angewandt.

Alle damit verbundenen Spezialuntersuchungen, vom Riechtest bis zur Registrierung von Gebärmutterkontraktionen, zu erörtern, würde den Rahmen unseres Buches sprengen.

Es wird – wie bereits erwähnt – bei einer ärztlichen Begutachtung, in welchem Fachbereich auch immer, außer der schwerpunktmäßigen Untersuchung von Zielorganen, der ganze menschliche Organismus orientierend untersucht und die dabei entdeckten „fachfremden" Erkrankungen einem Zusatzgutachten des entsprechenden Fachgebietes zugewiesen.

Dieses Zusatzgutachten hat dann eine kompetente Beurteilung über die betreffende Erkrankung hinsichtlich der daraus resultierenden Funktionseinschränkung zu fällen.

Warum Sie zur Mitwirkung verpflichtet sind

Für den gesamten Bereich der Sozialverwaltung sind die Mitwirkungspflichten im Sozialgesetzbuch Erstes Buch geregelt (§ 60 ff. SGB I).

Der Sozialleistungsträger kann vom Antragsteller verlangen, dass er sich ärztlichen und psychologischen Untersuchungsmaßnahmen unterzieht.

Wichtig: Es besteht das Verweigerungsrecht für Behandlungen und Untersuchungen, „bei denen im Einzelfall ein Schaden für Leben oder Gesundheit nicht mit hoher Wahrscheinlichkeit ausgeschlossen werden kann, die mit erheblichen Schmerzen verbunden sind oder die einen erheblichen Eingriff in die körperliche Unversehrtheit bedeuten" (Art. 2 Abs. 2 GG).

Liegt kein Grund vor, die Mitwirkung zu verweigern, so sind im Verweigerungsfall gesetzliche Sanktionen vorgesehen (§§ 66, 67 SGB I).

Die Verweigerung darf zunächst nicht zu einem Rechtsnachteil führen, wenn bereits vorliegende Untersuchungsergebnisse in ärztlichen Befundberichten, Krankenblättern und vorhandenen Gutachten anderer Stellen eine sachgemäße und erschöpfende Beurteilung gestatten (§ 96 SGB X).

Kommt allerdings jemand, der beispielsweise eine Sozialleistung (Rehabilitationsmaßnahme, Rente) wegen Gefährdung oder Minderung der Erwerbsfähigkeit beantragt oder erhält, seiner Mitwirkungspflicht nicht nach, kann der Leistungsträger die Leistungen bis zur Nachholung der Mitwirkung ganz oder teilweise versagen oder entziehen (§ 66 Abs. 2 SGB I). Voraussetzung ist jedoch, dass unter Würdigung aller Umstände mit Wahrscheinlichkeit anzunehmen ist, dass durch die Weigerung, der Mitwirkungspflicht nachzukommen, die Erwerbsfähigkeit beeinträchtigt oder nicht verbessert wird.

Das Versagen einer Rente ist bis zum Nachholen der geforderten Untersuchung möglich. In der Praxis verlangen die Rentenversicherungsträger hierfür zunächst eine Erklärung vom Versicherten, dass er nunmehr seiner Verpflichtung zur Mitwirkung nachkommen werde, und beauftragen dann erneut einen Gutachter.

Praxis-Tipp:

Sozialleistungen dürfen im Übrigen wegen fehlender Mitwirkung nur versagt oder entzogen werden, nachdem der Leistungsberechtigte auf diese Folgen schriftlich hingewiesen wurde und seiner Mitwirkungspflicht nicht innerhalb einer ihm gesetzten angemessenen Frist nachgekommen ist (§ 66 Abs. 3 SGB I). Der Rentenversicherungsträger muss somit den Versicherten vorher auf die Rechtsfolgen seines Verhaltens hingewiesen haben.

Verlangt der Leistungsträger eine Untersuchung, kann der Versicherte auf Antrag Ersatz seiner notwendigen Auslagen und seines Verdienstausfalles in angemessenem Umfang erhalten (§ 65a SGB I).

Unter Beachtung der oben aufgeführten Grundsätze erwartet die Verwaltung, Sozialbehörde oder der Versicherungsträger vom Gutachter, nach Möglichkeit alle notwendigen diagnostischen Maßnahmen anzuwenden, um eine unterstützende medizinische Sachaufklärung in dem gegebenen Verwaltungsakt (z. B. Antrag auf Frührente) herbeizuführen.

Die ärztliche Aufklärungspflicht gilt für den Gutachter ebenso wie für jeden Arzt. Die ärztliche Aufklärung soll für die geplanten diagnostischen Maßnahmen nicht nur die Zustimmung, sondern auch eine positive Einstellung des Antragstellers bewirken.

Schlagen die Bemühungen und Erklärungen des Gutachters fehl, den Antragsteller von der Notwendigkeit zusätzlicher Diagnostik, insbesondere Gerätediagnostik, zu überzeugen, dann wird er auf die Durchführung verzichten und dies sowie ggf. die dadurch eingeschränkte Aussagemöglichkeit des Gutachtens dem Versicherungsträger mitteilen. Hieraus dann die rechtlichen Folgerungen im Rahmen des Verwaltungsverfahrens zu ziehen, ist Sache des Leistungsträgers.

Das abschließende Gespräch: Wo sind Ihre „beruflichen Problemzonen"?

Nach Ablauf der diagnostischen Untersuchungen erfolgt ein abschließendes Gespräch. Dabei wird der Gutachter Sie, in Kenntnis vieler Details Ihrer Krankheiten und Behinderungen, über Folgendes um Auskunft bitten:

- Die Art Ihres beruflichen Einsatzes
- Ihre konkreten beruflichen Aufgaben
- Die Umstände der Berufsausübung
- Besondere Belastungen am Arbeitsplatz
- Soziale Aspekte Ihrer beruflichen Arbeit

Die einzelnen Fragen zur individuellen sozialmedizinischen Situation des jeweiligen Antragstellers gibt der nachfolgende Erhebungsbogen wieder.

Die Informationen z. B. über Ihre Arbeitsbedingungen sollten dem Gutachter Folgerungen ermöglichen hinsichtlich evtl. Zusammenhänge zwischen beruflichen Belastungen und Krankheitssymptomen.

Deshalb ist es wichtig mitzuteilen, wenn gewisse Beschwerden durch Arbeitsvorgänge ausgelöst oder verschlimmert werden, z. B. nach wie vielen Stunden ab Arbeitsbeginn Ihre Beschwerden auftreten. Bitte auch angeben, ob bestehende Beschwerden sich während der Arbeit verschlechtern oder es für Sie unumgänglich ist, wegen körperlicher Beschwerden unübliche Pausen einzulegen?

Wichtig: Nur durch genaue Schilderung Ihrer beruflichen Arbeitsaufgaben bzw. Leistungsanforderungen kann der Gutachter erfahren, welchen Belastungen Sie am Arbeitsplatz fortdauernd ausgesetzt sind. Diese Angaben in Verbindung mit den nachgewiesenen Funktionseinschränkungen und Behinderungen sind maßgeblich für die Einschätzung Ihres Leistungsvermögens am allgemeinen Arbeitsmarkt mit oder ohne „Einschränkungen", (siehe ab Seite 19).

Doppelbelastung durch Beruf und Familie

Insbesondere bei berufstätigen Frauen kann eine Doppelbelastung vorliegen, d. h. außer der Arbeit im Beruf kommt z. B. noch die Versorgung eines Haushaltes, womöglich mit mehreren Kindern oder einem bettlägerigen pflegebedürftigen Familienangehörigen dazu. Diese Doppelbelastung als individuelle Besonderheit kann durchaus zu einer zusätzlichen Schwächung der körperlichen oder psychischen Kräfte führen und kommt dadurch ursächlich indirekt in Betracht. Ihre familiäre Situation wird nur so weit tangiert, wie sie Ihre Berufsfähigkeit evtl. beeinträchtigt.

Ein Fragebogen zu Ihrer individuellen sozialmedizinischen Situation, der Ihnen möglicherweise vom Gutachter zugesandt wird, kann folgendermaßen gestaltet sein:

Erhebungsbogen: Arbeits- und sozialmedizinische Anamnese

NAME: **ALTER:**

Erlernter Beruf: Umschulungsberuf:

Wochenarbeitszeit: Teilzeitarbeit:

Arbeitslos:

Familiäre Situation und deren evtl. Belastungen oder Freizeitverhalten (angeben, wenn diese zur Beurteilung der Leistungsfähigkeit von Bedeutung ist):

Kurzer beruflicher Werdegang:

Fragen zu Ihrer beruflichen Arbeit:

- Liegen gesundheitliche Gründe für Umschulung oder Teilzeitarbeit vor?
- Handelt es sich um leichte, mittelschwere oder schwere körperliche Arbeit oder überwiegend geistige Beschäftigung?
- Schichtarbeit mit Tages- und/oder Nacht- oder Wechselschichten?
- Lange Anmarschwege zur oder während der Arbeit?
- Ihre konkreten beruflichen Aufgaben:
- Schweres Heben oder Tragen aus eigener Kraft?
  Wie viel kg: ....?
- Wird die Arbeit überwiegend im Stehen, Gehen, Sitzen, (am Schreibtisch, im Auto, auf der Leiter), verrichtet?
- Arbeit überwiegend in gebückter Haltung oder über Kopf (Zwangskörperhaltung)?
- Arbeit bei übermäßig heißen oder kalten Temperaturen (Wäscherei, Kühlräume, im Freien)?
- Haben Sie überwiegend Bildschirmarbeit zu leisten?
- Arbeiten Sie mit chemischen oder radioaktiven Stoffen?
- Sind Sie übermäßiger Infektgefahr (Publikumsverkehr) ausgesetzt?
- Wie schätzen Sie Ihre psychische Belastung bei der beruflichen Arbeit ein?

- Schätzen Sie die Leistungsanforderungen bei Ihrer Arbeit als branchentypisch ein?
- Sind Sie zum Zeitpunkt der gutachterlichen Untersuchung **arbeitsunfähig** erkrankt?
  Seit wann ....?
  Welche Erkrankungen verursachen die Arbeitsunfähigkeit?
- Wie häufig waren Sie während der letzten 12 Monate arbeitsunfähig erkrankt und wegen welcher Erkrankung?
- Seit wann und wegen welcher Erkrankungen wurde Ihnen eine **Schwerbeschädigung** anerkannt?
- Wann hat eine **amtsärztliche** Untersuchung (Medizinischer Dienst der Krankenkassen) stattgefunden?
- Wurden **REHA-Maßnahmen** beantragt?
- Liegt ein **Fremdverschulden bei Ihren Gesundheitsschäden** durch Berufskrankheit, Arbeitsunfall, Wehrdienst vor?
- Früherer oder derzeitiger **Rentenbezug** vom Rentenversicherungsträger bzw. von der Berufsgenossenschaft (BG-Rente)?

Achtung: Der Erhebungsbogen wurde beispielhaft gestaltet. Je nach medizinischem Fachgebiet oder Beruf des Antragstellers werden die Fragen unterschiedlich ausfallen.

Ihre Frage: „Herr Doktor, habe ich Chancen, Frührente zu bekommen?“

Nach diesen ausführlichen Befragungen und Untersuchungen durch den Gutachter könnten Sie zu Recht auf den Gedanken kommen, dass Sie zum Schluss auch diese Frage an Ihren Gutachter stellen.

Der Gutachter, meist ein erfahrener Mediziner, hat zwar einen Eindruck über Ihren Gesundheitszustand gewonnen. Dieser Eindruck reicht jedoch weder für eine schnelle vorläufige noch für eine als verbindlich zu verstehende Aussage aus. Bei der Begutachtung geht es außerdem nicht um gutachterliche Eindrücke, sondern um medizinisch-wissenschaftliche Argumentation bis ins Detail. Erst das

Zusammenfügen aller Detailfeststellungen über die zahlreichen Körperfunktionsstörungen und die daraus resultierenden Folgerungen werden die gutachterliche Aussage allmählich formen und ihr zur Endgültigkeit verhelfen.

Achtung: Es wurde bereits mehrfach erwähnt, dass das ärztliche Gutachten wohl eine wichtige, jedoch nicht allein entscheidende Grundlage zur Gewährung einer Frührente darstellt. Deshalb ist der Gutachter auch nicht befugt, Ihre Frage zu beantworten.

Er kann Ihnen lediglich versichern, dass er alle Ihre Gesundheitsschäden gewissenhaft prüft, diese mit der Therapierbarkeit und mit der Prognose (voraussichtliches Fortschreiten) der Erkrankung in Verbindung setzt und diese, soweit sie die allgemeine körperliche Leistungsfähigkeit und berufliche Einsatzfähigkeit beeinträchtigen, als führendes Argument darstellt.

Als Schlussfolgerung oder gutachterliche Aussage werden die nachgewiesenen dauerhaften Gesundheitsschäden mit ihren Auswirkungen auf die allgemeine körperliche Leistungsfähigkeit bzw. berufliche Einsatzfähigkeit im Einzelnen dargestellt und die noch verbliebene Restleistungsfähigkeit im Beruf und im Allgemeinen beschrieben.

Der Gutachter greift dabei keineswegs einer Entscheidung des Rentenversicherers vor. Er äußert sich auch nicht zur Notwendigkeit oder Ablehnung einer Rentengewährung durch den Rentenversicherungsträger, auch nicht in Form eines Vorschlages.

Das Gutachten muss nun vom Gutachter fristgemäß erstellt und dem auftraggebenden Rentenversicherungsträger zurückgesandt werden.

Was geschieht mit den Untersuchungsbefunden, die während des Gutachtens erstellt wurden?

Falls unerwartet bisher unbekannte ernsthafte pathologische oder gar lebensbedrohende Befunde vom Gutachter erhoben wurden, unterrichtet er darüber unverzüglich telefonisch oder schriftlich Ihren Hausarzt. Die übrigen Befunde werden archiviert.

Einen sog. Arztbericht oder Kopien über die gutachterliche Untersuchung erhält Ihr Hausarzt nicht, wie dies viele Antragsteller annehmen.

Falls Sie Ihren Gutachter auffordern, erhobene Befunde Ihnen oder Ihren Ärzten zuzuschicken, wird er dies ablehnen und Sie an den Rentenversicherungsträger verweisen. Das heißt, falls Sie die Herausgabe von Befunden oder sonstigen Unterlagen vom Gutachter erwirken wollen, müssen Sie einen schriftlichen Antrag an den Auftraggeber des Gutachtens, den zuständigen Rentenversicherungsträger, stellen.

Warum der Gutachter Sie nicht ärztlich weiterbetreuen darf

Es ist nicht selten, dass die sachliche Atmosphäre, die eingehenden Bemühungen des Gutachters, Ihre gesundheitlichen Probleme zu verstehen, die gründlichen Untersuchungen usw. Sie dazu bewegen, den Gutachter um zukünftige ärztliche Betreuung zu bitten. Er kann aber solchen Bitten nicht entsprechen, denn er darf keinen von ihm kassen- oder privatärztlich betreuten Patienten auf Antrag einer Behörde begutachten, da er im Auftrag einer Behörde als unparteiischer, unabhängiger Gutachter tätig werden muss.

Deshalb muss der Gutachter die Übernahme einer ärztlichen Behandlung bzw. Betreuung so lange ablehnen, bis sein Gutachterauftrag erfüllt und das Gutachtenverfahren abgeschlossen ist.

Der Frührenten-Bescheid, Widerspruch, Klage, Berufung, Revision

7

Gutachterliche Leistungsbeurteilung

Die abschließende klinisch-medizinische und sozialmedizinische Beurteilung der Leistungsfähigkeit im Frührentenverfahren der gesetzlichen Rentenversicherung orientiert sich am Krankheitsfolgemodell der Weltgesundheitsorganisation (WHO). Das Modell unterscheidet zwischen

- gesundheitlicher Schädigung (Krankheit)
- der hieraus folgenden Fähigkeitseinbuße (funktionelle Einschränkungen)
- der sich daraus ergebenden Beeinträchtigung (Schwierigkeit am Arbeitsmarkt).

Es wird also sorgfältig geprüft, ob Ihre Krankheiten mit einer Störung von Organfunktionen einhergehen oder nicht. Außerdem wird geprüft, ob und in welchem Ausmaß eine festgestellte Funktionseinbuße das Verrichten Ihrer Arbeit im Beruf beziehungsweise am allgemeinen Arbeitsmarkt im Alltag behindert.

Die qualitativen, funktionellen Einschränkungen können sich z. B. auf die physische Belastbarkeit des Bewegungs- und Stützapparates, der Herz- und Kreislauforgane, aber auch auf die geistig-psychische Belastbarkeit beziehen. Wenn wesentliche Funktionseinschränkungen kompensiert werden können, liegt keine relevante Einschränkung des quantitativen Leistungsvermögens vor.

Nach den Erhebungen und den gutachterlichen Untersuchungen nimmt das Gutachten allmählich seine endgültige Form an und beinhaltet entsprechend dem Verlangen der gesetzlichen Rentenversicherung eine kritische Würdigung über

- alle gewonnenen Erkenntnisse über Ihren Gesundheitszustand, wie Krankheitsgeschichte einschließlich frühere Untersuchungsbefunde, Beschwerden, Ergebnisse der gutachterlichen Untersuchungen, Arbeits- und Sozialanamnese

- Art und Ausmaß der Funktionsstörungen
- die Krankheiten, die als Ursache der Funktionsstörungen gelten, und diejenigen, die diesbezüglich ohne Bedeutung sind
- die differenzialdiagnostischen Erwägungen, evtl. Anregung eines Zusatzgutachtens auf einem anderen Fachgebiet
- die Festlegung von Funktionsdiagnosen mit Klassifikation und/oder Stadieneinteilung. Somit werden auch solche chronische oder schubweise auftretende Erkrankungen erfasst, die zum Zeitpunkt der gutachterlichen Untersuchung erscheinungsfrei sind.
- den Umfang und die Effizienz der bisherigen ärztlichen Behandlungen
- die Einschränkungen Ihrer Leistungsfähigkeit in Ihrem bisherigen Beruf. Die beschriebenen Funktionsstörungen ließen sich aus den festgestellten Gesundheitsstörungen herleiten. Dadurch wird ein sog. individuelles positives und negatives Leistungsbild erstellt.
- die Beschreibung des bisherigen Krankheitsverlaufes und der Prognose mit Chancen durch Rehabilitationsleistungen die berufliche Leistungsfähigkeit zu verbessern oder wiederherzustellen
- evtl. Fremdverschulden der Gesundheitsschäden
- mögliche Widersprüche, wenn medizinische Aussagen in Berichten oder Attesten sich gutachterlich nicht bestätigen ließen.

Achtung: Das auf Grundlage Ihrer Leistungseinschränkungen beschriebene negative Leistungsbild stellt Ihr Unvermögen dar, als Frührentenantragsteller bestimmte Arbeitsvorgänge an Ihrem Arbeitsplatz bzw. auf dem allgemeinen Arbeitsmarkt zu verrichten.

Das positive Leistungsbild demgegenüber bezieht sich nicht auf die Anforderungen der zuletzt ausgeübten Tätigkeit, sondern beschreibt unabhängig davon die zumutbaren Leistungsmerkmale der körperlichen Arbeitsschwere, der Arbeitshaltung und der Arbeitsorganisation. Es beschreibt also, welche und wie viel Arbeit Ihnen zumutbar oder erträglich ist.

Bei einer halbschichtigen Beschäftigung werden Antragsteller so beurteilt, als ob sie in einem vollschichtigen Arbeitsverhältnis stünden.

Wichtig: Es sei nochmals betont, dass eine hausärztlich festgestellte Arbeitsunfähigkeit zum Zeitpunkt der gutachterlichen Untersuchung keine entscheidende Auswirkung auf die Beurteilung des allgemeinen Leistungsvermögens darstellt. Bei der sozialmedizinischen Leistungsbeurteilung kann die Anerkennung einer Schwerbehinderung (GdB) durch Versorgungsämter oder einer Minderung der Erwerbsfähigkeit (MdE) durch Berufsgenossenschaften nicht berücksichtigt werden. Ebenso spielt dabei das Lebensalter des Versicherten, eine „Doppelbelastung" z. B. durch Pflege kranker Eltern oder eines behinderten Kindes, eine bestehende Arbeitslosigkeit oder die Vermittelbarkeit am Arbeitsmarkt, keine Rolle. Abschließend erfolgt die Abschätzung des konkreten Handicaps am Arbeitsplatz bzw. am allgemeinen Arbeitsmarkt.

Maßstab für die Feststellung des Leistungsvermögens ist die Erwerbsfähigkeit des Versicherten auf dem allgemeinen Arbeitsmarkt, d. h. in jeder nur denkbaren Tätigkeit, die es auf dem allgemeinen Arbeitsmarkt gibt. Allerdings kommen dabei nur Tätigkeiten in Betracht, die auf dem allgemeinen Arbeitsmarkt üblich sind. Damit wird sichergestellt, dass für die Feststellung des Leistungsvermögens solche Tätigkeiten, für die es für den zu beurteilenden Versicherten einen Arbeitsmarkt schlechthin nicht gibt (BSGE 80, 24, 34) nicht in Betracht zu ziehen sind.

Gesetzestext im Originalwortlaut

Konkret zu dem zeitlichen Arbeitseinsatz am Arbeitsplatz lauten die gesetzlichen Ausführungen zu **§ 43 SGB VI** wie folgt:

Das Leistungsvermögen des Versicherten ist anhand seiner zeitlichen Einsatzfähigkeit zu beurteilen. Um einen einheitlichen, für alle Versicherten gleichen Maßstab zugrunde legen zu können, wird auf die Stundenzahl abgestellt. Bei der Beurteilung ist die Frage zu Grunde zu legen, ob der Versicherte noch in der Lage ist, auf dem allgemeinen Arbeitsmarkt unter den dort üblichen Bedingungen regelmäßig im Rahmen einer 5-Tage-Woche mindestens sechs Stunden täglich zu arbeiten.

Daraus ergibt sich für die gutachterliche Entscheidung im Frührentenverfahren vorerst die entscheidende Frage, ob die gegenwärtige Leistungsfähigkeit oder das Restleistungsvermögen des Antragstellers für einen sechsstündigen Arbeitseinsatz ohne oder mit Einschränkungen ausreicht oder nicht ausreicht. Dort ist zu lesen: Eine unter sechsstündige Einschätzung des Leistungsvermögens kommt einer teilweisen Erwerbsminderung gleich und wenn die Leistungseinbuße des Antragstellers nicht mehr mindestens drei Stunden zumutbare Arbeit täglich erlaubt, dann ist er voll erwerbsgemindert.

Achtung: Erwerbsgemindert ist nach der Neuregelung nicht, wer mindestens sechs Stunden täglich erwerbstätig (nicht zu verwechseln mit Berufstätigkeit) sein kann (siehe Seite 19). Für Versicherte, die vor dem 02.01.1960 geboren sind, gilt noch der Berufsschutz, jedoch gelten nicht mehr die alten Bedingungen für die Berufsunfähigkeit (siehe Seite 26).

Welche Arbeit jeweils für einen Frührentenantragsteller als zumutbar gilt, wird gesetzlich geregelt:

Die subjektive Zumutbarkeit einer Tätigkeit unter dem Gesichtspunkt der Ausbildung und des Status der bisherigen beruflichen Tätigkeit ist ohne Bedeutung. Zu berücksichtigen sind allein die körperliche und geistige Leistungsfähigkeit des Versicherten sowie eventuelle zusätzliche Einschränkungen, die sich aus der ärztlichen Begutachtung ergeben können.

Einschränkung der Einsetzbarkeit am allgemeinen Arbeitsmarkt

Einschränkungen bedeuten, dass der Gesetzgeber außer der zeitlichen Beanspruchung am Arbeitsplatz auch die physische Beanspruchung in Betracht gezogen haben will. Deshalb nehmen bei der Leistungsbeurteilung des Frührentenantragstellers die Einschränkungen des Arbeitseinsatzes am Arbeitsplatz einen besonderen Stellenwert ein. Die definierten Leistungseinschränkungen müssen direkt aus den Einbußen von Organfunktionen abgeleitet werden.

Beispiel:

Wenn Sie an einem Bandscheibenvorfall erkrankt sind, können Sie nicht mehr Schweres heben. Falls Sie dies nach Wiederaufnahme der Arbeit tun, kommt es unweigerlich zu weiteren Bandscheibenbeschwerden.

Nur durch Vermeiden von Heben und Tragen am Arbeitsplatz, z. B. durch den Einsatz einer Hebemaschine, können Sie Ihren Arbeitsplatz behalten und für den Rentenversicherer werden die Kosten für Ihre Umschulung bzw. Frühberentung gespart.

Die wichtigsten Einschränkungen

- Keine schwere, sondern nur mittelschwere oder leichte körperliche Arbeit möglich
- Keine schwere und mittelschwere, sondern nur leichte körperliche Arbeit möglich
- Überwiegend oder ausschließlich nur leichte Arbeit möglich
- Verschonung von Wechselschicht- oder Nachtarbeit nötig
- Verschonung von Akkord- oder Fließbandarbeit nötig
- Kein schweres Heben oder Tragen aus eigener Kraft

noch: Die wichtigsten Einschränkungen

- Keine Arbeiten überwiegend im Stehen oder im Sitzen
- Keine Arbeiten überwiegend im Freien
- Keine Arbeiten in gebückter Haltung oder Zwangshaltung
- Unzumutbare Anmarschwege
- Arbeiten ohne besondere Beanspruchung des Seh-, Hör-, Riech-, Tast- oder Sprechvermögens (z. B. keine überwiegenden Bildschirmarbeiten oder Publikumsverkehr)
- Arbeiten ohne volle Gebrauchsfähigkeit beider Hände
- Unübliche Arbeitspausen erforderlich
- Nur Arbeiten ohne Belastung mit Nässe, Kälte, Hitze, Zugluft, extremen Temperaturschwankungen, Lärm, Haut- oder inhalative Reizstoffe, Erschütterungen, Vibrationen, erhöhte Schwindel- oder Unfallgefahr, usw. möglich
- Arbeiten mit besonderer Gang- und Standsicherheit nicht möglich
- Keine Arbeiten mit besonderem Konzentrations-, Reaktions-, Umstellungs- oder Anpassungsvermögen
- Keine Arbeiten mit Verantwortung für Personen und/oder Maschinen möglich
- Keine Arbeiten mit Überwachung oder Steuerung komplexer Arbeitsvorgänge möglich

In Kenntnis der funktionellen Einschränkungen und konkreten Anforderungen des Arbeitsplatzes ist es möglich, individuelle Vorschläge zu Einschränkungen aufzuzeigen.

Der Gutachter kann zu der Meinung gelangen, dass Ihre Leistungsfähigkeit durch stationäre Reha-Maßnahmen (Leistungen zur medizinischen Rehabilitation oder zur Teilhabe am Arbeitsleben) teilweise oder ganz wiederhergestellt werden könnte. In diesem Fall wird nach Durchführung von Kurmaßnahmen, noch vor Entlassung aus der Reha-Klinik, ein zweites Mal Ihre Leistungsfähigkeit beurteilt. Wenn die Heilbehandlung erfolgreich abgeschlossen werden konnte, werden Sie arbeitsfähig entlassen, wenn nicht, werden sozialmedizinische Maßnahmen einschließlich Frühberentung vorgeschlagen.

Neben den abgehandelten gesundheitlichen Aspekten werden auch die sozialen Gesichtspunkte nach Interpretation des Gesetzgebers zu § 43 SGB VI gewahrt:

§ Der Anspruch auf eine Erwerbsminderungsrente wird nicht allein vom Gesundheitszustand des Versicherten abhängig gemacht, sondern auch davon, ob er noch in der Lage ist, bei der konkreten Situation des (Teilzeit-) Arbeitsmarktes die ihm verbliebene Erwerbsfähigkeit zur Erzielung eines Erwerbseinkommens einzusetzen. Versicherte, die noch mindestens drei, aber nicht mehr sechs Stunden täglich arbeiten, das verbliebene Restleistungsvermögen wegen Arbeitslosigkeit aber nicht in Erwerbseinkommen umsetzen können, erhalten eine volle Erwerbsminderungsrente.

Was im ärztlichen Gutachten stehen muss

Das Schriftwerk, das als Gutachten nun nach den Erhebungen und den Untersuchungen durch den Gutachter für den Rentenversicherungsträger erstellt wird, beinhaltet systematisch geordnet:

- alle gewonnenen Erkenntnise über Ihren Gesundheitszustand einschließlich Krankheitsgeschichte, Beschwerden, Untersuchungsbefunde sowie Arbeits- und Sozialanamnese
- Krankheiten, die als Ursache von vorliegenden Funktionsstörungen beziehungsweise Behinderungen gelten
- Leistungsbeurteilung, ggf. mit Einschätzung der Einbuße Ihrer Arbeitskraft im Beruf sowie Ihres Restleistungsvermögens (Erstellung eines individuellen positiven und negativen Leistungsbildes)
- die Einschränkungen der Einsetzbarkeit am Arbeitsplatz
- Chancen, durch Rehabilitationsleistungen die Leistungsfähigkeit zu verbessern oder wiederherzustellen

- die Prognose hinsichtlich einer möglichen Besserung oder Verschlechterung der vorliegenden Erkrankungen
- evtl. Fremdverschulden der Gesundheitsschäden

Dementsprechend wird das Gutachten – obwohl es in freier Form gestaltet werden kann – nach folgendem Schema abgefasst:

Schema des Gutachtens

- Familienanamnese
- Eigenanamnese der Vorerkrankungen
- Bei Frauen gynäkologische Anamnese
- Anamnese der jetzigen Beschwerden und deren Entwicklungsgeschichte
- Berufs- und Sozialanamnese
- Biographische Anamnese bei psychiatrischem Gutachten
- Klinische Untersuchung
- Medizinisch-technische Ergänzungsuntersuchungen
- Diagnosen und Funktionsdiagnosen mit Klassifikation und/oder Stadieneinteilung
- Epikrise mit sozialmedizinischer Leistungsbeurteilung in Form eines individuellen positiven und negativen Leistungsbildes

Vertrauen ist gut, Kontrolle ist besser

Der Antragsteller auf Frührente bekommt die Entscheidung des Rentenversicherungsträgers über sein Begehren in Form eines Rentenbescheides. Der Rentenbescheid kann beinhalten:

- die volle Anerkennung der gesundheitlichen Schädigungen und daraus resultierenden Einschränkung der allgemeinen körperlichen Leistungsfähigkeit bzw. beruflichen Einsatzfähigkeit

- eine teilweise Anerkennung
- die Ablehnung der beantragten Anerkennung der teilweisen oder vollen Erwerbsminderung

Praxis-Tipp:

Der Frührentenbescheid ebenso wie alle sonstigen behördlichen Bescheide sollten immer einer formal-juristischen und einer inhaltlichen Prüfung unterzogen werden.

Da die Beurteilung der dauerhaften Leistungsminderung sich an vorhandenen oder nicht vorhandenen dauerhaften Funktionsstörungen orientiert, kommt der Beurteilung der Funktionsstörungen besonders bei der Benennung der sog. Ablehnungsdiagnosen eine sehr wichtige Rolle zu.

Bei einem ablehnenden Bescheid wird der Antragsteller erwägen, dagegen Widerspruch einzulegen.

Wichtig: Als Alternative zum Widerspruch ist zu überlegen, ob es vernünftiger ist, bei Krankheiten mit fortschreitenden Funktionsminderungen etwas Zeit verstreichen zu lassen und dann einen neuen Antrag zu stellen. Im Fall eines Bedenkens wegen des gleichen Gutachters gelten die Ausführungen über Ihre Möglichkeiten hinsichtlich der Akzeptanz eines Gutachters (siehe ab Seite 52).

Der Widerspruch: Wenn Sie unzufrieden sind

Ein Widerspruch wird vom Versicherten gegen den Rentenbescheid eingelegt, weil er der Ansicht ist, dass

- seine Krankheiten in ihrem tatsächlichen Ausmaß unzureichend berücksichtigt sind,

- nicht alle Krankheiten in die Entscheidungsfindung einbezogen wurden,
- sozialmedizinische Kriterien unerfüllt blieben,
- der Beginn der Leistungsminderung falsch angesetzt wurde,
- die Rentendauer zu kurz bemessen worden ist,
- die Erstellung des Gutachtens und der gutachterlichen Untersuchung unangemessen lange gedauert hat,
- die Kompetenz, Objektivität oder Neutralität des Gutachters anzuzweifeln sei.

Es besteht wie bei allen Verwaltungsverfahren die Möglichkeit, die Entscheidung des Rentenversicherungsträgers mit einem Widerspruch anzufechten und ihn zum Beispiel durch Vorlage von weiteren Attesten und ärztlichen Unterlagen der behandelnden Ärzte zum Überprüfen und Überdenken seiner Entscheidung zu bewegen.

Nach § 78 SGG ist vor Erhebung der Anfechtungsklage die Rechtmäßigkeit und Zweckmäßigkeit des Verwaltungsaktes in einem Vorverfahren (Widerspruchsverfahren) nachzuprüfen. Diese Regelung soll vor allem zu einer Entlastung der Sozialgerichte führen. Zugleich gibt sie der Verwaltung die Möglichkeit der Selbstkontrolle.

Mit der Erhebung des Widerspruchs leitet der Betroffene als Widerspruchsführer das Vorverfahren ein.

Praxis-Tipp:

Der Widerspruch ist innerhalb einer gesetzten Frist nach Bekanntgabe des anzufechtenden Verwaltungsaktes, in diesem Falle nach dem Rentenbescheid zu erheben.

Die Verwaltungsstelle hat dann zu prüfen, ob sie dem Widerspruch abhelfen kann. Ist dies nicht möglich, ist der Vorgang, im Falle der Deutschen Rentenversicherung Bund, an die „Zentrale Widerspruchsstelle des Versicherungsträgers" abzugeben.

In der Zentralen Widerspruchsstelle werden dann die in der Vertreterversammlung gewählten Vertrauensmänner/-frauen den Widerspruch bearbeiten und entscheiden.

Die Sitzungen der Widerspruchsausschüsse sind nicht öffentlich. Soweit erforderlich, kann aber der Widerspruchsführer persönlich gehört werden. Dies kommt allerdings relativ selten vor.

Im Jahr 2004 betrug die Zahl der eingegangenen Widersprüche bei der BfA (heute: Deutsche Rentenversicherung Bund) insgesamt 287 000, dazu kamen aus dem Vorjahr noch 105 004 unerledigte Verfahren hinzu. Die Verwaltung konnte in 2004 hiervon in 288 302 Fällen einen Bescheid erstellen.

Ihr Recht auf Akteneinsicht

Der Widerspruchsbegründung geht häufig der Wunsch des Widerspruchsführers bzw. seines Rechtsbeistandes voraus, Einsicht in die Unterlagen, insbesondere in das medizinische Gutachten zu erhalten.

§ 25 SGB X sichert das Recht auf Akteneinsicht. Der beratungsärztliche Dienst des Versicherungsträgers hat lediglich zu prüfen, ob dem Versicherten aus der Kenntnis des medizinischen Akteninhaltes Nachteile gesundheitlicher Art (psychische Konfliktsituation durch die Kenntnis z. B. vom Umfang eines bösartigen Tumors, eines psychiatrischen Leidens) entstehen könnten.

In einem solchen Falle kann der Inhalt der Unterlagen im Auftrag des Versicherungsträgers durch einen Arzt vermittelt werden.

Wichtig: Die Akteneinsicht ist bei der Zentralen Widerspruchsstelle und nicht beim medizinischen Gutachter zu beantragen.

Für ein Widerspruchs- bzw. mehr noch für ein Klageverfahren bei einem Sozialgericht – wenn dem Widerspruch beim Versicherungsträger intern nicht abgeholfen werden konnte – braucht ein Versicherter den Beistand eines guten Renten- oder Rechtsberaters, der sich auf Versicherungsrecht spezialisiert hat.

Praxis-Tipp:

Eine rechtsanwaltliche Vertretung ist weder für die erste Instanz (Sozialgericht) noch für das Verfahren vor dem Landessozialgericht (zweite Instanz) zwingend vorgeschrieben.

Der gerichtliche Weg: Klage – Berufung – Revision

Sowohl das Widerspruchsverfahren als auch das Verfahren vor der Sozialgerichtsbarkeit ist für den Versicherten kostenfrei. Allerdings kann er zur Zahlung sogenannter Mutwillenskosten herangezogen werden, wenn er das Verfahren beispielsweise verschleppt.

Das Gericht entscheidet im Urteil, ob dem Kläger die ihm entstandenen Rechtsverfolgungskosten (insbesondere: Kosten eines Rechtsanwaltes) ersetzt werden. Auch im Widerspruchsverfahren sind diese Kosten zu ersetzen, wenn der Widerspruch erfolgreich war (§ 63 SGB X).

Achtung: Vorstehend wurde ausgeführt, dass das Gerichtsverfahren für den Versicherten kostenfrei ist. Hiervon gibt es aber eine wesentliche Ausnahme, die in § 109 SGG geregelt ist. Auf Antrag des Versicherten muss hiernach vom Gericht ein bestimmter Arzt gutachtlich gehört werden. Die Anhörung kann davon abhängig gemacht werden, dass der Antragsteller (Versicherte) die Kosten vorschießt und vorbehaltlich einer anderen Entscheidung des Gerichts endgültig trägt.

Das Gericht kann allerdings einen solchen Antrag ablehnen, wenn durch die Zulassung die Erledigung des Rechtsstreits verzögert werden würde und der Antrag nach freier Überzeugung des Gerichts in der Absicht, das Verfahren zu verschleppen oder aus grober Nachlässigkeit nicht früher vorgebracht worden ist.

Die Aufklärungspflicht der Sozialgerichte

Im Übrigen ist der Vorsitzende der betreffenden Kammer des Gerichts verpflichtet, von sich aus die Einzelheiten des betreffenden Falles festzustellen und aufzuklären.

Das Sozialgerichtsgesetz (§ 106) unterscheidet sich hier stark von den Vorschriften über den Zivilprozess. Dort müssen die Beteiligten (Kläger, Beklagter) von sich aus alle Beweismittel vorlegen bzw. benennen. Im Sozialgerichtsprozess ist dies – wie erwähnt – anders. Zur Durchführung der Aufklärungspflicht des Vorsitzenden kann dieser insbesondere:

- um Mitteilung von Urkunden ersuchen
- Krankenpapiere, Aufzeichnungen, Krankengeschichten, Untersuchungsbefunde sowie Röntgenbilder beiziehen
- Auskünfte jeder Art einholen
- Zeugen und Sachverständige in geeigneten Fällen vernehmen oder, auch eidlich, durch den ersuchten Richter vernehmen lassen
- die Einnahme des Augenscheins sowie die Begutachtung durch Sachverständige anordnen und ausführen
- andere beiladen
- einen Termin anberaumen, das persönliche Erscheinen der Beteiligten (auch des Klägers, also des Versicherten) hierzu anordnen und den Sachverhalt mit diesen erörtern

Die ärztliche Begutachtung für die Sozialgerichte

Die meisten Klagen werden wegen medizinischer, also nicht formeller Gründe erhoben, d. h. der ehemalige Rentenantragsteller, hier Kläger, hält die medizinische Begutachtung des Rentenversicherungsträgers und damit den Rentenbescheid für ungerecht (siehe Seite 113).

Der Richter stützt sich bei seiner Urteilsfindung auf medizinischen Sachverstand in Form beratungsärztlicher Stellungnahmen und/oder ärztlicher Begutachtung.

Der vom Sozialgericht benannte medizinische Sachverständige hat Sie nach richterlichen Vorgaben erneut medizinisch zu begutachten. Die Vorgaben sollten auf die bei Ihnen vorliegenden gesundheitlichen Besonderheiten Rücksicht nehmen.

Ein unabhängiger Gutachter kann vom Gericht bestimmt oder vom Kläger vorgeschlagen werden. Er verfährt ebenso, wie dies bereits im Kapitel 7–9 beschrieben wurde, und prüft vor allem die bei Ihnen festgestellten Funktionseinschränkungen, Behinderungen und die verbliebene Restleistungsfähigkeit hinsichtlich der Verwendbarkeit auf dem allgemeinen Arbeitsmarkt.

Wichtig: Verschlimmerung, Auftreten von Komplikationen, neu festgestellte Erkrankungen während des Verfahrens sollten vorgetragen und nachgewiesen werden. Sie können prozessentscheidend werden. Nachgeschobene Erkrankungen von alten Zeiten erscheinen nicht glaubwürdig.

Es wird geprüft, ob die im Verfahren bisher erstellten Gutachten einander widersprechen, ob Kompetenz, Objektivität und Neutralität des vom Rentenversicherungsträger bestellten Gutachters beachtet wurden.

Praxis-Tipp:

Wenn Sie schon die Mühe des Klageweges auf sich nehmen, sollten Sie sowohl bei dem medizinischen Gutachter als auch vor dem Gericht positive Mitarbeit leisten.

In Versicherungs- und Rentenangelegenheiten fanden im Jahr 2004 insgesamt 27 952 Verfahren eine Erledigung, in 36 063 Fällen blieben sie unerledigt. Gegen die Entscheidung der Sozialgerichte wurde in 1229 Fällen Berufung eingelegt.

Das Urteil der Sozialgerichte

Das Sozialgericht entscheidet in der Regel durch Urteil (§ 125 SGG). Es kann, sofern in der Ladung auf diese Möglichkeit hingewiesen worden ist, nach Lage der Akten entscheiden, wenn zu einem Termin keiner der Beteiligten erscheint oder beim Ausbleiben von Beteiligten die erschienenen Beteiligten es beantragen.

Aus dem Urteil müssen sich die Entscheidungsgründe ergeben (§ 136 SGG). Außerdem ist die Darstellung des Tatbestandes erforderlich.

Diese kann durch eine Bezugnahme auf den Inhalt der vorbereitenden Schriftsätze und auf die zur Sitzungsniederschrift erfolgten Feststellungen ersetzt werden, soweit sich aus ihnen der Sach- und Streitstand richtig und vollständig ergibt. In jedem Falle sind jedoch die erhobenen Ansprüche genügend zu kennzeichnen und die dazu vorgebrachten Angriffs- und Verteidigungsmittel ihrem Wesen nach hervorzuheben.

Wann Berufung zulässig ist

Berufung gegen die Entscheidung des Sozialgerichts kann nur erhoben werden, wenn dies im Urteil zugelassen ist (§ 144 SGG).

Wird die Berufung ausgeschlossen, kann dagegen Beschwerde beim Sozialgericht oder beim Landessozialgericht (nächste Instanz) eingelegt werden (§ 145 SGG). Die Entscheidung darüber fällt das Landessozialgericht.

Die Berufung selbst ist beim Landessozialgericht innerhalb eines Monats nach Zustellung des Urteils einzureichen (§ 151 SGG). Die Frist hat also die gleiche Länge wie die zur Einreichung der Klage. Hier läuft der Monat von der Zustellung des Widerspruchbescheides an.

Auch beim Landessozialgericht besteht die Aufklärungspflicht des Vorsitzenden (des jeweiligen Senats).

Im Berufungsverfahren vor einem Landessozialgericht spielt der medizinische Sachverständige eine wichtige Rolle. Er agiert im Auftrag und nach Vorgaben des Richters oder auf den Antrag des Klägers, der zugelassen werden muss. Die Gestaltung des medizinischen sachverständigen Gutachtens richtet sich nach den Voraussetzungen, Regeln und der Zielsetzung, wie bereits beim Sozialgerichtsverfahren beschrieben. Der Gutachter muss sämtliche, im laufenden Verfahren bereits erstellte medizinische Gutachten zusätzlich zu den vom Patienten vorgetragenen und bei der Untersuchung gewonnenen Daten aufarbeiten und in seine gutachterliche Feststellungen einfließen lassen.

Zielsetzung des ärztlichen Gutachters ist es Ihre Restgesundheit und eine damit verbundene Restleistungsfähigkeit und daraus resultierende Einsetzbarkeit auf dem allgemeinen Arbeitsmarkt exakt festzustellen. Es ist vom Kläger hier ebenso zu beachten, dass Verschlimmerung, Auftreten von Komplikationen, neu festgestellte Erkrankungen während des Verfahrens vorgetragen und nachgewiesen werden sollten.

Wichtig: Trotz der zermürbenden Prozessbelastung kann nur eine positive Mitarbeit den Gutachter in die Lage versetzen, einem berechtigten Begehren zur Geltung zu verhelfen.

Wann Revision möglich ist

Gegen die Entscheidung des Landessozialgerichts ist Revision vor dem Bundessozialgericht möglich. Hier besteht allerdings Anwaltszwang. Die Revision muss im Berufungsurteil zugelassen werden. Gegen eine Nichtzulassung ist Nichtzulassungsbeschwerde vor dem Bundessozialgericht möglich (§§ 160, 160a SGG).

Das Bundessozialgericht klärt den Sachverhalt aber nicht mehr auf. Vielmehr handelt es sich hier um eine reine Rechtsinstanz. Es wird geprüft, ob das Landessozialgericht das geltende Recht richtig angewandt hat.

Ist das Bundessozialgericht der Meinung, dass die Aufklärung durch die Vorinstanz nicht ausreichend erfolgte, wird der Fall an die Vorinstanz zurückverwiesen (§ 170 SGG).

Achtung: Wenn Kläger und Beklagter einverstanden sind, kann die zweite Instanz (Landessozialgericht) übergangen und gleich Revision (als Sprungrevision bezeichnet) eingelegt werden (§ 161 SGG).

Die Rentenversicherung: Leistungen, Beratung

8

Was Sie grundsätzlich wissen müssen

Die gesetzliche Rentenversicherung ist Bestandteil der Sozialversicherung. Das Sozialgesetzbuch – Erstes Buch (SGB I), das im Allgemeinen als Grundgesetz des Sozialrechts der Bundesrepublik Deutschland bezeichnet wird, bestimmt in seinem § 4 über den Zugang zur Sozialversicherung. Danach hat derjenige, der in der Rentenversicherung versichert ist (einschließlich Alterssicherung der Landwirte), Anspruch auf:

- notwendige Maßnahmen zum Schutz, zur Erhaltung, Besserung und Wiederherstellung der Gesundheit und Leistungsfähigkeit
- wirtschaftliche Sicherung bei Krankheit, Mutterschaft, Minderung der Erwerbsfähigkeit und Alter

Ein Recht auf wirtschaftliche Sicherung haben auch die Hinterbliebenen eines Versicherten.

Eingehender mit den Leistungen der gesetzlichen Rentenversicherung beschäftigt sich § 23 SGB I. Dort werden die Leistungsarten der gesetzlichen Rentenversicherung aufgezählt.

Leistungen der gesetzlichen Rentenversicherung

- Rehabilitationsleistungen (offizielle neue Bezeichnung: Leistungen zur Teilhabe)
- Renten wegen Alters
- Renten wegen Erwerbsminderung
- Knappschaftsausgleichsleistungen
- Renten von Todes wegen
- Witwen- und Witwerrentenabfindungen
- Beitragserstattungen
- Zuschüsse für die Krankenversicherung
- Leistungen für Kindererziehung

In der Alterssicherung der Landwirte sind vorgesehen:

- Rehabilitationsleistungen (Leistungen zur Teilhabe)
- Renten wegen Erwerbsminderung
- Altersrenten
- Renten von Todes wegen
- Betriebs- und Haushaltshilfe oder sonstige Leistungen zur Aufrechterhaltung des Betriebes im Falle des Todes des landwirtschaftlichen Unternehmers

Wichtig: Bei der gesetzlichen Rentenversicherung handelt es sich um eine Solidargemeinschaft. Die Gesamtheit der Versicherten (einschließlich der Arbeitgeber der versicherten Arbeitnehmer) bringt die Mittel für die Durchführung der Versicherung auf. Außerdem gibt es einen Bundeszuschuss.

Zuständig für die Durchführung der Rentenversicherung

- in der allgemeinen Rentenversicherung:
  - Regionalträger (früher: LVAen)
  - Deutsche Rentenversicherung Bund (früher: BfA)
  - Deutsche Rentenversicherung Knappschaft-Bahn-See (früher: Bundesknappschaft, Bahnversicherungsanstalt und Seekasse)
- in der knappschaftlichen Rentenversicherung:
  - Deutsche Rentenversicherung Knappschaft-Bahn-See
- in der Alterssicherung der Landwirte:
  - landwirtschaftliche Alterskasse
- in der Rentenversicherung der selbstständigen Künstler und Publizisten:
  - die Künstlersozialkasse
- in der Rentenversicherung der selbstständigen Handwerker:
  - Regionalträger

Es wurde bereits erwähnt, dass die gesetzliche Rentenversicherung eine Solidargemeinschaft ist. Dies bedeutet, dass die „Gesunden für die Kranken und die Jungen für die Alten" einzutreten haben.

Ganz anders ist dies im privaten Lebensversicherungsbereich. Hier wird eine Versicherung des Risikos vorgenommen. Die Beiträge (Prämien) richten sich nach diesem Risiko.

Während die gesetzliche Rentenversicherung den vom Arbeitnehmer erworbenen und genossenen Lebensstandard auch im Alter – sowie bei verminderter Erwerbsfähigkeit – weitgehend erhalten will, zahlt die Privatversicherung Leistungen entsprechend dem versicherten Risiko.

Adressen der wichtigsten Rentenversicherungsträger siehe ab Seite 142.

Die Leistungen der Rentenversicherungsträger

Die Rentenversicherungsträger als Sozialversicherungsträger sind Körperschaften des öffentlichen Rechts mit Selbstverwaltung. Die ehrenamtlich tätigen Sozialpartner und die hauptamtliche Geschäftsführung sind an der Gestaltung maßgeblich beteiligt.

Die Hauptaufgabe eines Rentenversicherungsträgers ist es, die sog. Rentenversicherungsbeiträge bzw. Sozialversicherungsbeiträge der Mitglieder zu verwalten, und wenn der Rentenfall eintritt, die Altersrenten daraus auszuzahlen und zwar

- der Lebensarbeitsleistung entsprechend,
- sozial gerecht und
- lebenslang ausreichend.

Die Mitglieder sind entweder gesetzliche Pflichtmitglieder oder freiwillige Mitglieder. Das freiwillige Mitglied sorgt freiwillig aus seiner vernünftigen Einsicht heraus für seine Existenz im Rentenalter.

Der Staat will das Pflichtmitglied durch gesetzliche Regelung zwingen, durch Zahlung eines Teils seines Arbeitsentgelts Vorsorge für Invalidität und Alter zu treffen.

Die Deutsche Rentenversicherung Bund (früher: BfA), größter Rentenversicherungsträger in der Bundesrepublik, betreute z. B. im gesamten Bundesgebiet

1992	23 016 000 Versicherte
1993	23 253 000 Versicherte
1994	23 477 000 Versicherte
1995	23 642 000 Versicherte
1996	23 849 000 Versicherte
1997	24 065 000 Versicherte
1998	24 114 000 Versicherte
2000	24 992 000 Versicherte
Sept. 2004	25 018 000 Versicherte

Diese Zahlen setzen sich zusammen aus abhängig Beschäftigten, Leistungsbeziehern aus der Arbeitslosenversicherung, Vorruhestandsgeldbeziehern, selbstständigen Künstlern, sonstigen Selbstständigen, Anrechnungszeitversicherten, Kindererziehenden, Wehr-/Zivildienstleistenden, Pflegepersonen, freiwillig Versicherten, Latentversicherten (Personen, für die vor dem jeweiligen Jahr im Versicherungskonto mindestens eine rechtserhebliche Zeit vorhanden ist), Versicherten, deren Versicherungszeiten noch nicht im Konto gespeichert sind.

Von 1993 bis September 2004 kamen beispielsweise zur Auszahlung:

- 1993 7,07 Mio. Rentenzahlfälle
- 1995 7,64 Mio. Rentenzahlfälle
- 1998 8,26 Mio. Rentenzahlfälle, davon BU-/EU-Rente: 7,63%
- 2000 8,74 Mio. Rentenzahlfälle, davon Rente wegen verminderter Erwerbsfähigkeit: 7,27%
- 2004 (bis September) 9,57 Mio. Rentenzahlfälle, davon Rente wegen verminderter Erwerbsfähigkeit: 6,33 %

Die Rentenausgaben beliefen sich in den Jahren 1993 bis September 2004 auf folgende Summen:

- 1993 DM 117,10 Mrd.
- 1995 DM 138,29 Mrd.

- 1998 DM 157,07 Mrd., davon BU-/EU-Rente 12,46 Mrd.
- 2000 DM 170,63 Mrd., davon Rente wegen verminderter Erwerbsfähigkeit 12,86 Mrd.
- 2004 (bis September) EUR 111,34 Mrd., davon Rente wegen verminderter Erwerbsfähigkeit 6,63 Mrd. EUR

In 2004 wurden 220 000 BfA-Renten an Rentenberechtigte in 160 Staaten im Ausland überwiesen.

Quelle der statistischen Zahlen: Mitteilungen der Rentenversicherungsträger

Leistungsarten

- Regelaltersrenten
- Altersrenten für langjährig Versicherte
- Altersrenten für Schwerbehinderte
- Altersrenten wegen Arbeitslosigkeit
- Renten für Erwerbsgeminderte = sog. Frührenten
- Renten von Todes wegen (Witwer-, Witwenrenten, Waisenrenten, Erziehungsrenten)
- Leistungen für Kindererziehung
- Leistungen aus Höherversicherungsbeiträgen
- Zusatzleistungen nach dem Rentenüberleitungsgesetz
- Leistungen aus überführten Zusatz- und Sonderversorgungssystemen
- Erstattungen an die Träger der Unfallversicherung
- Leistungen zur medizinischen Rehabilitation, Leistungen zur Teilhabe am Arbeitsleben sowie ergänzende Leistungen
- Krankenversicherung der Rentner
- Finanzausgleichszahlungen
- Kosten des Sozialmedizinischen Dienstes
- Personal- und Verwaltungskosten

Wie die Rentenversicherungsträger arbeiten

Die Rentenversicherungsträger arbeiten nach dem Prinzip der Selbstverwaltung. Das bedeutet, dass wichtige Angelegenheiten von den Versicherten und den Arbeitgebern entschieden werden.

Vertreterversammlung

An der Spitze des Versicherungsträgers steht die Vertreterversammlung, bei der es sich um das Legislativorgan handelt. Es bestimmt insbesondere über die Satzung des Versicherungsträgers. Die Satzung enthält Bestimmungen, die wie ein Gesetz wirken.

Vorstand

„Regiert" wird der Versicherungsträger vom Vorstand. Dieser stellt genau wie die Vertreterversammlung ein Selbstverwaltungsorgan dar, in dem die Betreffenden nur ehrenamtlich tätig sind.

Geschäftsführung

Die Amtshandlungen selbst werden von der Geschäftsführung des Versicherungsträgers getätigt. Dabei handelt es sich nicht um ein ehrenamtliches Gremium. Die Mitglieder der Geschäftsführung verrichten ihre Arbeit im Hauptamt. Sie leiten die Verwaltung.

Die praktische Arbeit der Verwaltung

- Führung der Versicherungskonten der einzelnen Versicherten
- Bearbeitung der Anträge für Altersrenten, Frührenten, Reha-Maßnahmen usw.
- Betreuung der Versicherten über Auskunfts- und Beratungsstellen
- Berechnung und Zahlung von Renten und Frührenten
- Durchführung medizinischer Maßnahmen von Leistungen zur Teilhabe am Arbeitsleben sowie ergänzende Leistungen
- Weiterentwicklung der Rehabilitation
- Verwaltung der Vermögenserträge

Die Leistungsangebote eines jeden Rentenversicherers beinhalten die Frühberentung als soziale Leistung.

Achtung: Das Gesetz selbst kennt den Ausdruck „Frührente" allerdings nicht. Vielmehr wird von Renten wegen verminderter Erwerbsfähigkeit gesprochen. Welche Renten hier zusammengefasst sind und welche Anspruchsvoraussetzungen gelten, ergibt sich aus nachfolgender Übersicht:

Anspruchsvoraussetzungen für Renten wegen verminderter Erwerbsfähigkeit			
Rentenart	Rente wegen teilweiser Erwerbsminderung	Rente wegen voller Erwerbsminderung	Rente für Bergleute
Leistungseinschränkung	teilweise Erwerbsminderung	volle Erwerbsminderung	verminderte bergmännische Berufsfähigkeit
Wartezeit	5 Jahre	5 oder 20 Jahre	5 Jahre vor Eintritt der verminderten Berufsfähigkeit
Sonstige versicherungsrechtliche Voraussetzungen	3 Jahre Pflichtbeitragszeiten in den letzten 5 Jahren vor Eintritt der teilweisen Erwerbsminderung oder Wartezeit am 1. Januar 1984 von 60 Kalendermonaten erfüllt und lückenlos freiwillige bzw. Pflichtbeiträge bis zum Ende des Kalenderjahres vor der Berufsunfähigkeit geleistet	3 Jahre Pflichtbeitragszeiten in den letzten 5 Jahren vor Eintritt der vollen Erwerbsminderung oder Wartezeit am 1. Januar 1984 von 60 Kalendermonaten erfüllt und lückenlos freiwillige bzw. Pflichtbeiträge bis zum Ende des Kalenderjahres vor der Erwerbsunfähigkeit geleistet	3 Jahre Pflichtbeitragszeiten in den letzten 5 Jahren vor Eintritt der verminderten bergmännischen Berufsfähigkeit und keine Ausübung einer wirtschaftlich gleichwertigen Tätigkeit

Die Erwerbsminderung spielt aber auch eine Rolle im Zusammenhang mit der Gewährung von Witwen- oder Witwerrenten.

Es wird hier zwischen der großen und der kleinen Witwen- bzw. Witwerrente unterschieden. Die große Witwen- bzw. Witwerrente wird beispielsweise dann gewährt, wenn die Rentenbezieherin bzw. der Rentenbezieher erwerbsgemindert ist.

Wird eine Rente wegen teilweiser oder voller Erwerbsminderung gewährt, wechselt ein Beitragszahler zum frühzeitigen Rentenempfänger. Ein solcher Wechsel in der gesetzlichen Rentenversicherung ist nach den gesetzlichen Bestimmungen – wenn bestimmte Voraussetzungen erfüllt sind – möglich.

Wichtig: Der Ausnahmefall „Frührentner" bedeutet für den jeweiligen Rentenversicherungsträger, d. h. für die soziale Mitgliedergemeinschaft, eine unvorhergesehene finanzielle Belastung.

Rehabilitative Heilbehandlungen sind zwingend

Die finanzielle Mehrbelastung hat dazu geführt, dass jeder Rentenversicherungsträger die Frührentenanträge sorgfältigst prüft und unter Umständen von dem im Gesetz verankerten Grundsatz „Rehabilitation hat Vorrang vor Rente" Gebrauch macht (§ 116 SGB VI).

Medizinische Rehabilitation, d. h. die Gesundheit wiederherstellende Leistungen der Rentenversicherungsträger, hat den Zweck, kranke oder behinderte Versicherte, deren Erwerbsfähigkeit gemindert oder erheblich gefährdet ist, so weit zu fördern, dass sie weiter oder wieder am Erwerbsleben teilnehmen können, um dadurch eine vorzeitige Erwerbsminderung zu verhüten. Rechtsgrundlagen sind die §§ 15, 31 SGB VI, aber auch das seit 01.07.2001 geltende Sozialgesetzbuch – Neuntes Buch (SGB IX).

Entsprechend den erwähnten Gesetzen werden rehabilitative Heilbehandlungen, wie stationäre Heilbehandlungen wegen allgemeiner Erkrankungen, sog. Anschlussheilbehandlungen, stationäre Entwöhnungsbehandlungen von Suchtkrankheiten, weitere oder sonstige Leistungen (z. B. Leistungen für ambulante Heilbehandlungen), stationäre Nach- und Festigungskuren bei Geschwulsterkrankungen und Systemkrankheiten, Kinderheilbehandlungen wegen allgemeiner Erkrankungen, stationäre medizinische Leistungen bei gesundheitsgefährdender Beschäftigung, in den Rehabilitations- und Vertragskliniken sowie sonstigen Vertragseinrichtungen der Rentenversicherungsträger durchgeführt.

Aufgaben der Leistungen zur Teilhabe (Rehabilitation)

Die Aufgabe der Leistungen zur Teilhabe (Rehabilitation) wird in § 9 SGB VI zusammenfassend dargestellt (siehe Gesetzestext auf Seite 17). Danach werden Leistungen zur Teilhabe (früher: Rehabilitationsleistungen) erbracht, wenn die Erwerbsfähigkeit wegen Krankheit oder körperlicher, geistiger oder seelischer Behinderung erheblich gefährdet oder gemindert ist. Durch rehabilitative Maßnahmen oder durch Leistungen zur Teilhabe am Arbeitsleben soll eine Besserung oder Wiederherstellung der allgemeinen körperlichen Leistungsfähigkeit bzw. beruflichen Einsatzfähigkeit mit überwiegender Wahrscheinlichkeit erreicht bzw. zumindest eine wesentliche Verschlechterung verhindert werden.

Das Rentenreformgesetz fügt hinzu: Bei teilweiser Erwerbsminderung ohne Aussicht auf eine wesentliche Besserung der Erwerbsfähigkeit sollte durch Leistungen zur Teilhabe am Arbeitsleben der Arbeitsplatz erhalten werden können.

Aus medizinischer Sicht müssen bei dem Versicherten, außer einer positiven Reha-Prognose, Rehabilitationsbedürftigkeit und Rehabilitationsfähigkeit gegeben sein.

Krankheiten, bei denen Reha-Leistungen gewährt werden

Die Hauptindikationsgebiete für die Reha-Leistungen sind – entsprechend der neuerlich erarbeiteten sog. „Indikationsspezifischen Rehabilitationskonzepte" – die folgenden sechs Krankheitsgruppen:

- degenerative Erkrankungen des Bewegungsapparates
- psychische und psychosomatische Erkrankungen
- Diabetes mellitus
- Herz-Kreislauf-Erkrankungen
- Erkrankungen der Atmungsorgane
- Erkrankungen der Verdauungsorgane
- bösartige Tumorerkrankungen

Stationäre Rehabilitation

Die stationären Rehabilitationsleistungen werden oftmals als Heilverfahren bezeichnet. Die stationäre Heilbehandlung (Kur) gilt, wenn sie beantragt, geprüft und genehmigt ist, als zwingend für die gesetzlich Versicherten. Ein Rücktritt ist nur bei zwingenden Gründen möglich.

Der Arbeitgeber wird über die bevorstehende stationäre Heilbehandlung von der Krankenkasse benachrichtigt. Der Versicherte muss sich an den Kosten der Kur mit kalendertäglich 9,– EUR beteiligen. Bei einer Anschlussrehabilitation ist die Dauer der Zuzahlung auf 14 Tage im Kalenderjahr begrenzt.

Die Kurdauer beträgt drei Wochen. Sie kann, falls erforderlich, verlängert, jedoch nicht vor Ablauf von vier Jahren erneut beansprucht werden, abgesehen von vorzeitigen Leistungen aus dringenden gesundheitlichen Gründen.

Wie ein Versicherter zu einer solchen Kurbehandlung kommt, zeigt die nachfolgende Grafik:

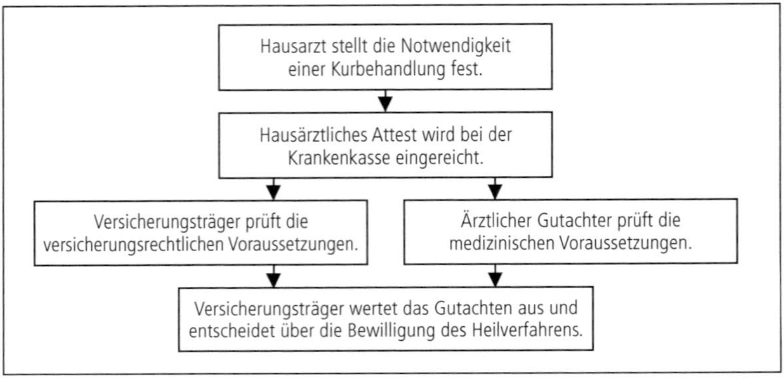

Um Umfang und Aufwand der medizinischen Maßnahmen richtig überblicken zu können, soll der Ablauf der Akutversorgung und Rehabilitation nach einem Herzinfarktereignis aufgezeigt werden.

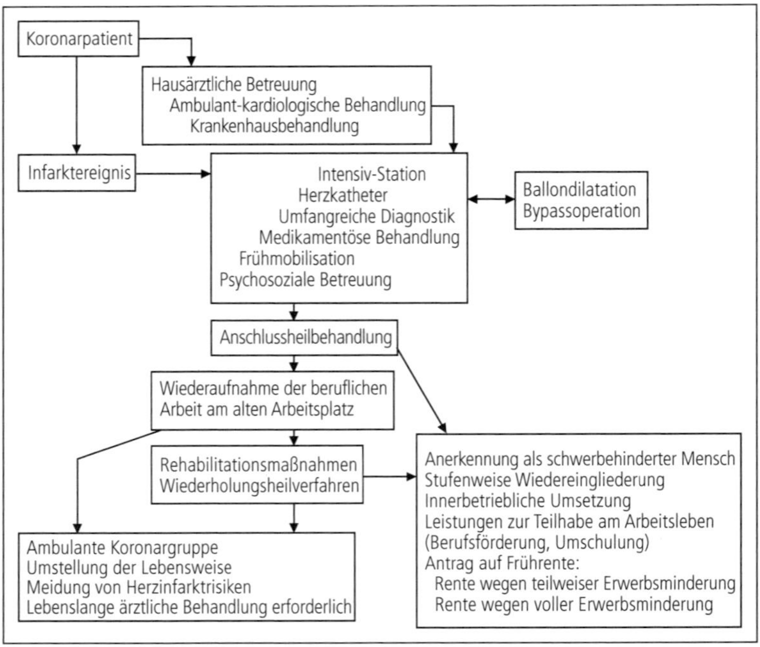

Die Rentenberatungsstellen

Die unmittelbare Betreuung der Versicherten und Rentner erfolgt durch sog. Auskunfts- und Beratungsstellen. Außerdem sorgen Informationszentren und Informationsveranstaltungen sowie zwischenstaatliche Sprechtage für Bürgernähe.

Der Gesetzgeber hat sich bemüht, das Sozialrecht möglichst übersichtlich und lückenlos im Sozialgesetzbuch zusammenzufassen. Dennoch besteht die Gefahr, dass der Rat suchende Bürger im Dickicht schwer verständlicher Regelungen keine Hilfe findet.

Die Rentenberatung dient dazu, dem Antragsteller behilflich zu sein, die notwendigen Formalitäten gemäß den einschlägigen Gesetzen, Vorschriften und verschiedenen Versicherungsklauseln zu erledigen.

Praxis-Tipp:

Wenn ein Kranker dem Berentungsvorschlag seines Arztes Folge leistet, sollte er zur Klarstellung bzw. Abwägung aller daraus resultierenden Konsequenzen eine Rentenberatungsstelle aufsuchen.

Die Beratungsstellen sind

- von den Rentenversicherungsträgern direkt eingerichtete Stellen, deren Sprechstunden dem Bürger kostenlos zur Verfügung stehen
- Sprechstunden ehrenamtlicher Versichertenältesten
- private Rentenberatungsbüros
- Fachanwalt-Kanzleien für das Sozialrecht

Den Versicherten der Deutschen Rentenversicherung Bund stehen z. B. in mehr als 60 Städten der Bundesrepublik sog. Auskunfts- und Beratungsstellen zur Verfügung. In kleineren Orten gibt es die örtlichen Beratungsstellen und Geschäftsstellen der Deutschen Rentenversicherung Bund (oftmals in den Geschäftsstellen der Krankenkassen).

Durch Beauftragte im Außendienst der Deutschen Rentenversicherung Bund werden Sprechtage bzw. Sprechzeiten durchgeführt.

Die Versichertenältesten

Die Versichertenältesten sind ehrenamtlich tätige Bürger. Sie sind Teil der demokratisch organisierten Selbstverwaltung der gesetzlichen Rentenversicherung. Sie üben ihr Ehrenamt in ihrer Freizeit aus und haben die Aufgabe, die Versicherten bzw. Leistungsberechtigten unentgeltlich zu beraten, Rentenanträge entgegenzunehmen usw. Ihre Sprechstunden werden in der eigenen Wohnung, in Rathäusern, Geschäftsstellen der Krankenkassen, Betrieben und in sozialen Einrichtungen abgehalten.

Versichertenälteste gibt es auch bei verschiedenen Arbeiterrentenversicherungsträgern.

Achtung: Die Versichertenältesten dürfen nicht mit privaten Rentenberatern verwechselt werden.

Die privaten Rentenberater

Bei diesen Rentenberatern handelt es sich um freiberuflich tätige, staatlich geprüfte Sozial- und Rentenexperten, die bei den jeweiligen Landgerichten zugelassen sind. Sie verlangen für ihre Tätigkeit (z. B. Rechtsauskünfte oder Vertretung vor dem Sozialgericht im Streitfall) Honorar. Sie liquidieren nach einer amtlichen Gebührenordnung für ihre Dienstleistung. Adressen und Telefonnummern finden Sie im Branchentelefonbuch.

Praxis-Tipp:

- Die Anschriften der Beauftragten im Renten-Außendienst sowie der Versichertenältesten erfahren Sie beispielsweise bei den örtlichen Stadt- und Gemeindeverwaltungen, außerdem natürlich beim Rentenversicherungsträger selbst.
- Die Anschriften der Versichertenältesten sind im Übrigen auch den Versicherungsämtern und den Gewerkschaften bekannt.

Die Versicherungsämter

Die Versicherungsämter der Stadtverwaltungen oder Landkreise geben ebenfalls Auskünfte in Rentenversicherungsangelegenheiten.

Die Krankenkassen

Auch bei vielen Krankenkassen haben die Rentenversicherungsträger Beratungsstellen eingerichtet bzw. führen dort Sprechtage durch.

Wichtig: Um zu vermeiden, unnötig mehrmals die maßgebenden Stellen aufsuchen zu müssen, empfiehlt es sich, die Rentenversicherungsnummer sowie den Personalausweis zur Beratung mitzunehmen.

Die Inhalte einer Rentenberatung

Besonders wichtig ist eine sachliche und eingehende Rentenberatung, wenn eine Frühberentung erfolgen soll.

Als erster Schritt soll durch den Versicherten Auskunft eingeholt werden über die:

- persönliche finanzielle Situation nach einer Früh- oder Regelberentung
- Rechtsvorschriften zur Berechnung von Dienstjahren, Versicherungszeiten usw.

- Nachweisführung zur evtl. nachträglichen Anerkennung von Beitragsmonaten
- Dienstjahre, Ausbildungszeiten usw.
- Nebenverdiensteinschränkungen für Rentner oder Frührentner
- Verfahrensverläufe zur Berentung, aber insbesondere für die Frühberentung usw.

Praxis-Tipp:

Auf die Bedeutung einer begleitenden Sachberatung zum Renten- bzw. Frührentenantrag weisen der Bund der Versicherten sowie die Verbraucherzentralen der Bundesländer mit Nachdruck hin, da ein nachträglich notwendiger Rechtsweg, um unbefriedigende Entscheidungen des gesetzlichen Rententrägers vor dem Sozialgericht anzufechten, sehr langwierig ist.

Achtung: Die sog. Schadensregulierungen, insbesondere durch private Berufsunfähigkeitsversicherer (meist als Zusatzpolice zur Lebensversicherung mit Extraprämie), sind häufig umstritten.

Die Sprechzeiten der Rentenberatung

Die Auskunfts- und Beratungsstellen der Deutschen Rentenversicherung Bund haben in der Regel folgende Sprechzeiten:

- montags – mittwochs 8.00–15.00 Uhr
- donnerstags 8.00–18.00 Uhr
- freitags 8.00–13.00 Uhr

Es empfiehlt sich unbedingt, einen Beratungstermin zu vereinbaren. Sie ersparen sich dadurch unter Umständen erhebliche Wartezeiten.

Die Auskunfts- und Beratungsstellen der Deutschen Rentenversicherung Bund (auch als A- und B-Stellen bezeichnet) einschließlich ihrer Anschriften und Telefonnummern wie die der Regionalträger finden Sie ab Seite 142.

Zudem wird eine kostenlose Service-Telefonnummer der Deutschen Rentenversicherung Bund für Renten- und Rehabilitationsfragen angeboten: 08 00/1 00 04 80 70.

Die Rentenauskünfte der Versicherungsträger

Seit 01.01.2004 erhalten alle Versicherten jährlich von ihrem Rentenversicherungsträger eine schriftliche Renteninformation. Aus dieser ergibt sich unter anderem auch die Höhe der Rente wegen voller Erwerbsminderung. Nach Vollendung des 54. Lebensjahres wird die Renteninformation durch eine Rentenauskunft ersetzt, die den Versicherten alle zwei Jahre zugeht.

Aus einer solchen Rentenauskunft wird auch ersichtlich, ob überhaupt, laut Unterlagen des Rentenversicherers, ein Anspruch auf Rente wegen voller oder teilweiser Erwerbsminderung besteht.

Außerdem enthalten Renteninformation bzw. Rentenauskunft eine Berechnung der zu erwartenden Altersrente.

Praxis-Tipp:

Für Krankengeldbezieher empfiehlt es sich besonders, vor der Frührentenantragstellung die letzte Renteninformation bzw. Rentenauskunft zur Hand zu nehmen, um vergleichen zu können, wie groß die Differenz zwischen Krankengeld und Rente sein wird.

Wenn der Rentenantrag gestellt und eine Rente wegen voller Erwerbsminderung bewilligt wurde, fällt das Krankengeld sofort weg. Da das Krankengeld häufig höher ist als die Rente, liegt es im Interesse des Antragstellers, zunächst den Krankengeldanspruch so lange wie möglich auszuschöpfen.

Es können außerdem Anfragen bzw. Anträge an die Rentenversicherung gestellt werden über:

- freiwillige Versicherung und Höherversicherung
- bargeldlose Beitragsentrichtung
- Erstattung von Beiträgen
- Her-/Wiederherstellung von Versicherungsunterlagen über Beitrags- und Beschäftigungszeiten
- Eintragung von Ersatz- und Anrechnungszeiten
- Erhebung von Kindererziehungszeiten
- Feststellung der Rentenanwartschaften im Versorgungsausgleich

Hilfreiche Adressen

9

Die Auskunfts- und Beratungsstellen der Deutschen Rentenversicherung Bund (vormals BfA)

(Stand: Juni 2007)

Es sollte vorher unbedingt ein Beratungstermin vereinbart werden. Besucher mit abgesprochenem Termin ersparen sich Wartezeiten.

Anschrift: Ruhrstraße 2, 10709 Berlin
Tel. (0 30) 86 51, Service-Tel. (08 00) 1 00 04 80 70
www.deutsche-rentenversicherung-bund.de

Übliche Öffnungszeiten:

- Montag bis Mittwoch 8.00 Uhr–15.00 Uhr
- Donnerstag 8.00 Uhr–18.00 Uhr
- Freitag 8.00 Uhr–13.00 Uhr

Soweit Abweichungen von den üblichen Öffnungszeiten bestehen, sind die tatsächlichen Öffnungszeiten direkt bei der A- und B-Stelle zu entnehmen.

Service-Telefon zum Nulltarif: (08 00) 1 00 04 80 70
Mo–Do 7.30–19.30 Uhr Fr. 7.30–15.30 Uhr

Bahnhofstraße 7, **86150 Augsburg**
Tel.: (08 21) 50 35-0, Fax: (08 21) 50 35-1 90
E-Mail: service.in.augsburg@drv-bund.de

(Am Spittelmarkt), Wallstraße 9–13, **10179 Berlin-Mitte**
Tel.: (0 30) 2 02 47-5, Fax: (0 30) 2 02 47-6 99
E-Mail: service.in.berlin-mitte@drv-bund.de, service.in.berlin-mitte@drv-berlin-brandenburg.de

Fehrbelliner Platz 5, **10707 Berlin-Wilmersdorf**
Tel.: (0 30) 8 68 88-0, Fax: (0 30) 8 68 88-2 74 96
E-Mail: service.in.berlin-wilmersdorf@drv-bund.de

Bahnhofstraße 28, **33602 Bielefeld**
Tel.: (05 21) 52 54-0, Fax: (05 21) 52 54-1 90
E-Mail: service.in.bielefeld@drv-bund.de

Walther-Rathenau-Straße 38, **06749 Bitterfeld**
Tel.: (0 34 93) 60 20-52, Fax: (0 34 93) 60 20-40
E-Mail: bitterfeld@kbs.de, service.in.bitterfeld@drv-bund.de, service@drv-md.de

Rabinstraße 6, **53111 Bonn**
Tel.: (02 28) 28 08-01, Fax: (02 28) 28 08-19 61
E-Mail: service.in.bonn@drv-bund.de, service-zentrum.bonn@drv-rheinland.de

Potsdamer Straße 18, **14776 Brandenburg an der Havel**
Tel.: (0 33 81) 32 09-0, Fax: (0 33 81) 32 09-11
E-Mail: service.in.brandenburg@drv-bund.de,
service.in.brandenburg@drv-berlin-brandenburg.de

Friedrich-Wilhelm-Straße 3, **38100 Braunschweig**
Tel.: (05 31) 12 30-0, Fax: (05 31) 12 30-1 90

Domshof 18–20, **28195 Bremen**
Tel.: (04 21) 36 52-0, Fax: (04 21) 36 52-1 90
E-Mail: service.in.bremen@drv-bund.de

An der Markthalle 3–5, **09111 Chemnitz**
Tel.: (03 71) 69 71-0, Fax: (03 71) 69 71-1 90
E-Mail: service.in.chemnitz@drv-bund.de, service@drv-md.de

Deutsche Rentenversicherung, Spremberger Straße 13/15, **03046 Cottbus**
Tel.: (03 55) 4 94-0, Fax: (03 55) 4 94-1 90
E-Mail: service.in.cottbus@drv-bund.de

Ludwigsplatz 6a, **64283 Darmstadt**
Tel.: (0 61 51) 15 37 69-0, Fax: (0 61 51) 15 37 69-1 90
E-Mail: service.in.darmstadt@drv-bund.de

Antoinettenstraße 37, **06844 Dessau**
Tel.: (03 40) 2 66 10-0, Fax: (03 40) 2 66 10-99
E-Mail: service@drv-md.de, service.in.dessau@drv-bund.de

(Eingang Kuhstraße), Hansastraße 95, **44137 Dortmund**
Tel.: (02 31) 90 63-5 00, Fax: (02 31) 90 63-5 90
E-Mail: service.in.dortmund@drv-bund.de, rentenversicherung@kbs.de

Fetscherstraße 34, **01307 Dresden**
Tel.: (03 51) 4 40 60-0, Fax: (03 51) 4 40 60-1 90
E-Mail: service.in.dresden@drv-bund.de

Graf-Adolf-Straße 35–37, **40210 Düsseldorf**
Tel.: (02 11) 38 06-0, Fax: (02 11) 38 06-1 90
E-Mail: service.in.duesseldorf@drv-bund.de

Kranichfelder Straße 3, **99097 Erfurt**
Tel.: (03 61) 4 82-85 00, Fax: (03 61) 4 82-85 01
E-Mail: service@drv-md.de, service.in.erfurt@drv-bund.de

Lindenallee 6–8, **45127 Essen**
Tel.: (02 01) 2 40 33-0, Fax: (02 01) 2 40 33-1 90
E-Mail: service.in.essen@drv-bund.de

Stiftstraße 9–17, **60313 Frankfurt am Main**
Tel.: (0 69) 2 99 98-0, Fax: (0 69) 2 99 98-1 90
E-Mail: service.in.frankfurt-main@drv-bund.de

(Oderturm), Karl-Marx-Straße 2, **15230 Frankfurt/Oder**
Tel.: (03 35) 56 18-0, Fax: (03 35) 56 18-1 90
E-Mail: service.in.frankfurt-oder@drv-bund.de,
service.in.frankfurt-oder@drv-berlin-brandenburg.de

Friedrichring 1, **79098 Freiburg i. Br.**
Tel.: (07 61) 38 71-0, Fax: (07 61) 38 71-1 90
E-Mail: service.in.freiburg@drv-bund.de

(Centhof), Bahnhofstraße 26, **36037 Fulda**
Tel.: (06 61) 25 02 68-0, Fax: (06 61) 25 02 68-1 90
E-Mail: service.in.fulda@drv-bund.de

Reichsstraße 5, **07545 Gera**
Tel.: (03 65) 9 18 00-0, Fax: (03 65) 9 18 01-7 61 90
E-Mail: service.in.gera@drv-bund.de, service@drv-md.de, kassel@kbs.de

Südanlage 21, **35390 Gießen**
Tel.: (06 41) 97 29-0, Fax: (06 41) 97 29-1 90
E-Mail: service.in.giessen@drv-bund.de

Wilhelmsplatz 1, **02826 Görlitz**
Tel.: (0 35 81) 8 78 50-0, Fax: (0 35 81) 8 78 50-1 90
E-Mail: service.in.goerlitz@drv-bund.de, service@drv-md.de

Straße des Friedens 18, **04668 Grimma**
Tel.: (0 34 37) 92 41-0, Fax: (0 34 37) 92 41-19
E-Mail: service.in.grimma@drv-bund.de

Paracelsusstraße 21, **06114 Halle**
Tel.: (03 45) 2 13-25 00, Fax: (03 45) 2 13-2 510
E-Mail: service@drv-md.de, service.in.halle@drv-bund.de

Poststraße 6a, **20354 Hamburg**
Tel.: (0 40) 3 48 91-0, Fax: (0 40) 3 48 91-1 90
E-Mail: service.in.hamburg@drv-bund.de

Bürgerweide 4, **20535 Hamburg**
Tel.: (0 40) 2 41 90-0, Fax: (0 40) 2 41 90-1 36
E-Mail: info@drv-nord.de, service.in.hamburg@drv-bund.de

Bahnhofstraße 8, **30159 Hannover**
Tel.: (05 11) 3 57 99-0, Fax: (05 11) 3 57 99-1 90

(Regionalzentrum), Friedensplatz 4, **74072 Heilbronn**
Tel.: (0 71 31) 60 88-0, Fax: (0 71 31) 60 88-1 90
E-Mail: regio.hn@drv-bw.de, service.in.heilbronn@drv-bund.de

Marktstraße 12 b, **98693 Ilmenau**
Tel.: (0 36 77) 8 45 19-0, Fax: (0 36 77) 8 45 19-1 90
E-Mail: service.in.ilmenau@drv-bund.de

Goethestraße 1, **07743 Jena**
Tel.: (0 36 41) 47 08-0, Fax: (0 36 41) 47 08-1 90
E-Mail: service.in.jena@drv-bund.de

Stiftsplatz 5, **67655 Kaiserslautern**
Tel.: (06 31) 3 20 40-0, Fax: (06 31) 3 20 40-1 90
E-Mail: service.in.kaiserslautern@drv-bund.de

(Europaplatz), Kaiserstraße 215, **76133 Karlsruhe**
Tel.: (07 21) 18 04-0, Fax: (07 21) 18 04-1 90
E-Mail: service.in.karlsruhe@drv-bund.de

(Eingang Jordanstraße 6), Friedrich-Ebert-Straße 5, **34117 Kassel**
Tel.: (05 61) 78 90-0, Fax: (05 61) 78 90-1 90
E-Mail: service.in.kassel@drv-bund.de

Königstraße 2, **87435 Kempten**
Tel.: (08 31) 5 12 88-0, Fax: (08 31) 5 12 88-1 90
E-Mail: service.in.kempten@drv-bund.de

Herzog-Friedrich-Straße 44, **24103 Kiel**
Tel.: (04 31) 98 78-0, Fax: (04 31) 98 78-1 90
E-Mail: service.in.kiel@drv-bund.de

Hohenfelder Straße 7–9, **56068 Koblenz**
Tel.: (02 61) 9 88 16-0, Fax: (02 61) 9 88 16-1 90
E-Mail: service.in.koblenz@drv-bund.de

(Stollwerckhaus), Hohe Straße 160-168, **50667 Köln**
Tel.: (02 21) 2 58 82-0, Fax: (02 21) 2 58 82-1 90
E-Mail: service.in.koeln@drv-bund.de

Nordstraße 17, **04105 Leipzig**
Tel.: (03 41) 7 11 35-0, Fax: (03 41) 7 11 35-1 90
E-Mail: service.in.leipzig@drv-bund.de

Breite Straße 47, **23552 Lübeck**
Tel.: (04 51) 7 99 47-01, Fax: (04 51) 7 99 47-1 90
E-Mail: service.in.luebeck@drv-bund.de

Maxim-Gorki-Straße 14, **39108 Magdeburg**
Tel.: (03 91) 73 99-0, 73 90-3, Fax: (03 91) 73 99-1 90, 73 90-4 60
E-Mail: service.in.magdeburg@drv-bund.de, service@drv-md.de

Am Brand 31, **55116 Mainz**
Tel.: (0 61 31) 2 74-0, Fax: (0 61 31) 2 74-1 91, 274-390
E-Mail: service.in.mainz@drv-bund.de, aub-stelle-mainz@drv-rlp.de

E 1, Nr. 16, **68159 Mannheim**
Tel.: (06 21) 15 91-0, Fax: (06 21) 15 91-1 90
E-Mail: service.in.mannheim@drv-bund.de

Viktualienmarkt 8, **80331 München**
Tel.: (0 89) 5 10 81-0, Fax: (0 89) 5 10 81-1 90
E-Mail: service.in.muenchen@drv-bund.de

Von-Steuben-Straße 20, **48143 Münster**
Tel.: (02 51) 53 82-0, Fax: (02 51) 53 82-1 90
E-Mail: service.in.muenster@drv-bund.de

Brodaer Straße 11, **17033 Neubrandenburg**
Tel.: (03 95) 56 37-0, Fax: (03 95) 56 37-1 90
E-Mail: service.in.neubrandenburg@drv-bund.de

Richard-Wagner-Platz 1, **90443 Nürnberg**
Tel.: (09 11) 23 80-0, Fax: (09 11) 23 80-1 92
E-Mail: service.in.nuernberg@drv-bund.de

Elisenstraße 12, **26122 Oldenburg i.O.**
Tel.: (04 41) 95 07 95-0, Fax: (04 41) 9 5 07 95-1 90
E-Mail: service.in.oldenburg@drv-bund.de

(Neumarkt-Carrée/Eingang Große Straße), Neumarkt 7, **49074 Osnabrück**
Tel.: (05 41) 33 57-0, Fax: (05 41) 33 57-1 90

Dohnaische Straße 68, **01796 Pirna**
Tel.: (0 35 01) 46 67-0, Fax: (0 35 01) 46 67-1 90
E-Mail: service.in.pirna@drv-bund.de

Postplatz 3, **08523 Plauen**
Tel.: (0 37 41) 48 43-0, Fax: (0 37 41) 48 43-3 18
E-Mail: service@drv-md.de

Lange Brücke 2, **14473 Potsdam**
Tel.: 03 31/88 53-0, Fax: 03 31/88 53-1 90
E-Mail: service.in.potsdam@drv-bund.de

Maximilianstraße 9, **93047 Regensburg**
Tel.: (09 41) 58 49-0, Fax: (09 41) 58 49-1 90
E-Mail: service.in.regensburg@drv-bund.de

Kröpeliner Straße 57, **18055 Rostock**
Tel.: (03 81) 4 59 45-0, Fax: (03 81) 4 59 45-1 90
E-Mail: service.in.rostock@drv-bund.de

Großherzog-Friedrich-Straße 16–18, **66111 Saarbrücken**
Tel.: (06 81) 93 70-0, Fax: (06 81) 93 70-1 90
E-Mail: service.in.saarbruecken@drv-bund.de

Schmiedestraße 8–12, **19053 Schwerin**
Tel.: (03 85) 57 58-0, Fax: (03 85) 57 58-1 90
E-Mail: service.in.schwerin@drv-bund.de

Langenstraße 54, **18439 Stralsund**
Tel.: (0 38 31) 28 01 51, Fax: (0 38 31) 28 01 37
E-Mail: service.in.stralsund@drv-bund.de

Kronenstraße 25, **70174 Stuttgart**
Tel.: (07 11) 18 71-5, Fax: (07 11) 18 71-6 90
E-Mail: service.in.stuttgart@drv-bund.de

Schleusinger Straße 49, **98527 Suhl**
Tel.: (0 36 81) 7 84-4 00, Fax: (0 36 81) 7 84-4 40
E-Mail: service.in.suhl@drv-bund.de, service@drv-md.de

(Palais Walderdorff), Domfreihof 1, **54290 Trier**
Tel.: (06 51) 9 70 71-0, Fax: (06 51) 9 70 71-1 90
E-Mail: service.in.trier@drv-bund.de

(Karlsbau), Karlstraße 33, **89073 Ulm**
Tel.: (07 31) 9 67 35-0, Fax: (07 31) 9 67 37-1 90
E-Mail: service.in.ulm@drv-bund.de

(Brunnenhof), Breite Straße 53 a, **38855 Wernigerode**
Tel.: (0 39 43) 69 63-0, Fax: (0 39 43) 69 63-19
E-Mail: service.in.wernigerode@drv-bund.de

Marktstraße 10, **65183 Wiesbaden**
Tel.: (06 11) 15 75 59-0, Fax: (06 11) 15 75 59-1 90
E-Mail: service.in.wiesbaden@drv-bund.de

(Uni-Center, 1. OG), Collegienstraße 59 c, **06886 Wittenberg/Lutherstadt**
Tel.: (0 34 91) 42 04-0, Fax: (0 34 91) 42 04-1 90
E-Mail: service.in.wittenberg@drv-bund.de, service@drv-md.de

(Eingang Herzogenstraße), Schönbornstraße 4–6, **97070 Würzburg**
Tel.: (09 31) 35 72-0, Fax: (09 31) 35 72-1 90
E-Mail: service.in.wuerzburg@drv-bund.de

(Service-Zentrum), Wupperstraße 14, **42103 Wuppertal**
Tel.: (02 02) 45 95-01, Fax: (02 02) 45 95-19 61
E-Mail: service-zentrum.wuppertal@drv-rheinland.de, service.in.wuppertal@drv-bund.de

Roßmarkt 13, **06712 Zeitz**
Tel.: (0 34 41) 85 88-0, Fax: (0 34 41) 85 88-19
E-Mail: service.in.zeitz@drv-bund.de, service@drv-md.de

Hauptmarkt 24/25, **08056 Zwickau**
Tel.: (03 75) 2 77 48-0, Fax: (03 75) 2 77 48-1 90
E-Mail: service.in.zwickau@drv-bund.de

Die Regionalträger der Rentenversicherung (vormals LVAen)

(Stand: Juni 2007)

Deutsche Rentenversicherung Baden-Württemberg
(ehemals LVA Baden-Württemberg)

76122 Karlsruhe, Tel. (07 21) 8 25-0, Fax (07 21) 8 25-2 12 29

70429 Stuttgart, Tel. (07 11) 8 48-0, Fax (07 11) 8 48-2 14 38
www.deutsche-rentenversicherung-bw.de

Deutsche Rentenversicherung Bayern Süd
(ehemals Deutsche Rentenversicherung Niederbayern-Oberpfalz und Deutsche Rentenversicherung Oberbayern)

84024 Landshut, Telefon (08 71) 81-0, Telefax (08 71) 81-21 40

81729 München, Telefon (0 89) 67 81-0, Telefax (0 89) 67 81-23 45
www.deutsche-rentenversicherung-bayernsued.de

Deutsche Rentenversicherung Berlin-Brandenburg
(ehemals LVA Berlin und LVA Brandenburg)

Sitz Frankfurt (Oder), Bertha-von-Suttner-Straße 1, 15236 Frankfurt/Oder
Tel. (03 35) 5 51-0, Fax (03 35) 5 51-12 95

Standort Berlin, Knobelsdorffstraße 92, 14059 Berlin
Tel. (0 30) 30 02-0, Fax (0 30) 30 02 10 09
www.deutsche-rentenversicherung-berlin-brandenburg.de

Deutsche Rentenversicherung Braunschweig-Hannover
(ehemals LVA Braunschweig und LVA Hannover)

Lange Weihe 2, 30875 Laatzen
Tel. (05 11) 8 29-0, Fax (05 11) 8 29-26 35

Kurt-Schumacher-Straße 20, 38091Braunschweig
Tel. (05 31) 70 06-0, Fax (05 31) 70 06-4 25
www.deutsche-rentenversicherung-braunschweig-hannover.de

Deutsche Rentenversicherung Bund
(ehemals BfA Bundesversicherungsanstalt für Angestellte und VDR – Verband Deutscher Rentenversicherungsträger)

Ruhrstraße 2, 10709 Berlin
Tel. (0 30) 8 65-1, Fax (0 30) 8 65-2 72 40
www.deutsche-rentenversicherung-bund.de

Deutsche Rentenversicherung Hessen
(ehemals LVA Hessen)

Städelstraße 28, 60596 Frankfurt/Main
Tel. (0 69) 60 52-0, Fax. (0 69) 60 52-16 00
www.deutsche-rentenversicherung-hessen.de

Deutsche Rentenversicherung Knappschaft-Bahn-See
(ehemals Bundesknappschaft, Bahnversicherungsanstalt und Seekasse)

Hauptverwaltung, Pieperstraße 14–28, 44789 Bochum
Tel. (02 34) 3 04-0, Fax (02 34) 3 04-5 30 50
www.deutsche-rentenversicherung-knappschaft-bahn-see.de

Deutsche Rentenversicherung Mitteldeutschland
(ehemals LVA Thüringen, LVA Sachsen-Anhalt und LVA Sachsen)

Sitz Leipzig,Georg-Schumann-Straße 146, 04159 Leipzig
Tel. (03 41)5 50-55, Fax (03 41) 5 50-59 00

Standort Erfurt, Kranichfelder Straße 3, 99097 Erfurt
Tel. (03 61) 4 82-0, Fax (03 61) 4 82-22 99

Standort Halle, Paracelsusstraße 21, 06114 Halle
Tel. (03 45) 2 13-0, Fax (03 45) 2 13-10 39
www.deutsche-rentenversicherung-mitteldeutschland.de

Deutsche Rentenversicherung Nord
(ehemals LVA Schleswig-Holstein, LVA Mecklenburg-Vorpommern und LVA Freie und Hansestadt Hamburg)

Sitz Lübeck, Ziegelstraße 150, 23556 Lübeck
Tel. (04 51) 4 85-0, Fax (04 51) 4 85-17 77

Standort Neubrandenburg, Platanenstraße 43, 17033 Neubrandenburg
Tel. (03 95) 3 70-0, Fax (03 95) 3 70-44 44

Standort Hamburg, Friedrich-Ebert-Damm 245, 22159 Hamburg
Tel. (0 40) 53 00-0, Fax (0 40) 53 00-29 99
www.deutsche-rentenversicherung-nord.de

Deutsche Rentenversicherung Ober- und Mittelfranken
(ehemals LVA Ober- und Mittelfranken)

95440 Bayreuth
Tel. (09 21) 6 07-0, Fax (09 21) 6 07-3 98
www.deutsche-rentenversicherung-bayreuth.de

Deutsche Rentenversicherung Oldenburg-Bremen
(ehemals LVA Oldenburg-Bremen)

Huntestraße 11, 26135 Oldenburg
Tel. (04 41) 9 27-0, Fax (04 41) 9 27-25 63
www.deutsche-rentenversicherung-oldenburg-bremen.de

Deutsche Rentenversicherung Rheinland
(ehemals LVA Rheinprovinz)

40194 Düsseldorf
Tel. (02 11) 9 37-0, Fax (02 11) 9 37-30 96
www.deutsche-rentenversicherung-rheinland.de

Deutsche Rentenversicherung Rheinland-Pfalz
(ehemals LVA Rheinland-Pfalz)

Eichendorffstraße 4–6, 67346 Speyer
Tel. (0 62 32) 17-0, Fax (0 62 32) 17-25 89
www.deutsche-rentenversicherung-rlp.de

Deutsche Rentenversicherung Saarland
(ehemals LVA für das Saarland)

Martin-Luther-Straße 2–4, 66111 Saarbrücken
Tel. (06 81) 30 93-0, Fax (06 81) 30 93-1 99
www.deutsche-rentenversicherung-saarland.de

Deutsche Rentenversicherung Schwaben
(ehemals LVA Schwaben)

Dieselstraße 9, 86154 Augsburg
Tel. (08 21) 5 00-0, Fax (08 21) 5 00-10 00
www.deutsche-rentenversicherung-schwaben.de

Deutsche Rentenversicherung Unterfranken
(ehemals LVA Unterfranken)

Friedenstraße 12/14, 97072 Würzburg
Tel. (09 31) 8 02-0, Fax (09 31) 8 02-2 43
www.deutsche-rentenversicherung-unterfranken.de

Deutsche Rentenversicherung Westfalen
(ehemals LVA Westfalen)

Gartenstraße 194, 48125 Münster
Tel. (02 51) 2 38-0, Fax (02 51) 2 38-29 60
www.deutsche-rentenversicherung-westfalen.de

Findex